Bernd Deschauer

Familientouren in Ober- und Unterfranken

Von der Mainschleife bis ins Fichtelgebirge

Heinrichs-Verlag gGmbH
Bamberg

Inhalt

Vorwort

Kinder lieben die Natur! Geben wir ihnen die Chance, dass sie viel Zeit dort verbringen können und die Vielfältigkeit erleben dürfen. Allerdings wollen Kinder auch bei Ausflügen spielen und nicht gedrängt werden, dass sie weiterlaufen sollen. Sie wollen an einem schönen Platz, an einem Bach oder an Felsen spielen und in eine andere Welt eintauchen. Gönnen wir ihnen diese Zeit! Das Buch enthält Touren für alle Altersgruppen.

Die Wanderungen in diesem Buch sind daher so ausgewählt, dass genug Zeit für Spielpausen eingeplant werden kann. Alle Touren haben weniger als 10 km, die meisten sogar weniger als 5 km. Auch die Streckenauswahl bietet den kleinen Wanderern immer wieder Abwechslung und schöne Stellen, an denen sich eine Rast lohnt. Durch die Länge und das besondere Augenmerk auf leichtere Touren sind diese auch für Omas und Opas gut zu gehen.

Neben den klassischen Wander- und Radtouren bietet dieses Buch ein extra Kapitel über das Klettern mit Kindern und eine Vielzahl an Kurztipps: Baden im Sommer, Schlittenfahren im Winter, Burgenziele und Ausflugsziele für Tierfreunde.

Als besonderes Highlight gibt es für jede Region Tipps für ein Familienwochenende. Einfach mal raus aus dem Alltag und nicht auf die Uhr schauen müssen, um die Heimfahrt nach der Wanderung, Kanu- oder Radtour antreten zu müssen. Den Tag gemütlich ausklingen lassen und am nächsten Tag nochmal „Urlaub“ genießen.

Ich wünsche Euch nun schöne Stunden mit den Kindern in der Natur!

Der Autor Bernd Deschauer mit seiner Familie, die immer gerne mitwandert

Allgemeine Hinweise

Liebe Wander- und Radfreunde, bevor es nun losgeht, möchte ich euch noch ein paar allgemeine Hinweise zur Nutzung des Buches und den verwendeten Zeichen geben.

Mit dem Buch werden Familien angesprochen, um eine schöne und entspannte Zeit in der Natur zu verbringen. Bei der Tourenauswahl stand daher im Vordergrund, dass die Touren nicht zu lange sind und diese für die Kleinen abwechslungsreich sind und Spielmöglichkeiten enthalten. Auch für Senioren sind die meisten Touren sehr gut geeignet, da die Wege leicht und kurz sind.

Gemeinsam Ausflüge machen

Kinder sind gerne mit ihren Freunden zusammen! Natürlich gilt dies auch für Ausflüge und sie haben an einer Wanderung mehr Spaß, wenn sie nicht alleine unterwegs sind.

Schwierigkeitsgrad der Tour

In diesem Buch kommen vorwiegend leichte und mittlere Touren vor, die auch mit kleineren Kindern gut bewältigt werden können.

Blau – leichte Tour

Bei einer leichten Tour sind die Wege sehr gut ausgebaut, es gibt nur wenige Steigungen und die Wege sind gut beschildert.

Rot – mittlere Tour

Bei mittelschweren Touren sind die Wege teilweise etwas anspruchsvoller und auch einige Steigungen sind im Verlauf enthalten. Bei Nässe kann es bei diesen Touren etwas rutschig werden.

Schwarz – schwere Tour

Schwere Touren sind in diesem Buch die Ausnahme! Bei einer schweren Tour gilt es viele Höhenmeter zu überwinden und die Wege sind oft schmal. Zudem sind diese Touren etwas länger.

Wege und Beschaffenheit der Wege

• Forstweg

Mit einem Forstweg ist ein Weg gemeint, der meist aus zwei breiteren Reifenspuren besteht und Traktoren als Fahrweg dient. Auf diesen Wegen lässt es sich leicht wandern oder auch Radfahren, allerdings sind die Wege nach Regenschauern häufig matschig.

• Waldweg

Schmalere Wege, die auch Wurzeln enthalten können und meist in einem Auf und Ab durch die Wälder führen. Zum Wandern sind die Wege bestens geeignet und bieten viel Abwechslung, so dass es den Kleinen nicht langweilig wird.

- Kies- und Schotterwege
Meist breitere Wege, auf denen es sich gut wandern lässt.
- Wiesenwege
Meist schmale und ausgetretene Pfade, die vor allem nach Regen rutschig und längere Zeit feucht sein können.
- Teer- und Pflasterwege
Diese Wege sind ideal für Radtouren, kommen bei Wanderungen kaum vor bzw. sind nur kürzere Abschnitte.

Je nach Wetter bzw. nach Regendauer in den Vortagen kann sich die Qualität und Beschaffenheit der Wege verändern, so das aus einem eigentlich gut zu begehenden Weg ein anstrengender Weg wird.

Rundweg / einfacher Weg – Dauer der Tour

Bei den meisten Touren handelt es sich um Rundwege, bei denen am Ende wieder der Ausgangspunkt erreicht wird. Eine Ausnahme bilden einige Radtouren, bei denen Start und Ziel an jeweils anderen Orten liegen. Dabei wurde aber darauf geachtet, dass die Orte mit dem Zug erreicht werden können, um Fahrräder transportieren zu können.

Die Zeitangaben bei den einzelnen Touren beziehen sich auf die reine Geh- bzw. Fahrzeit und enthalten keine Pausen für eine Brotzeit oder zum Spielen. Bei Rundtouren wird die Gesamtdauer angegeben, bei einfachen Wegen, nur die Zeit für eine Wegstrecke. Die tatsächlich benötigte Zeit mit Pausen liegt wesentlich höher und sollte ausreichend geplant werden, so dass gegen Ende keine Hektik aufkommt.

Zu den Geh- und Fahrzeiten sollte immer ausreichend Zeit für Pausen eingeplant werden. Zudem wird für die Anreise und Heimfahrt auch Zeit benötigt, die berücksichtigt werden muss.

Für welches Wetter und welche Jahreszeit sind die Touren geeignet?

Bei den Angaben zum Wetter habe ich versucht, eine realistische Einschätzung zu geben, für welches Wetter eine Tour geeignet ist. Allerdings hängt es sehr von den eigenen Vorlieben ab, wann eine Tour gemacht wird. Den Einen stört etwas Regen nicht, der Andere mag es überhaupt nicht. Einige Touren sind bestens für den Winter geeignet, da sie sonnig und nicht zu lange sind. Aber auch hier gilt, selbst abwägen, ob man bei winterlichen Temperaturen wandern will bzw. wie lange man draußen sein will.

In den Übergangsphasen sollte beachtet werden, dass es in einigen Regionen, wie Bamberg bereits frühlingshaft warm sein kann, dagegen die Temperaturen in anderen Regionen, wie dem Fichtelgebirge um ein paar Grad niedriger sein können. Das Gleiche gilt natürlich auch für den Herbst.

Kleidung & Ausrüstung

Die Kleidung sollte den Wetterverhältnissen entsprechend gewählt werden und passende Wechselkleidung eingepackt werden. Für Wanderungen und Radtouren sollte die Kleidung bequem sein und gegen Wind, Regen oder Schnee schützen. Ideal sind mehrere Lagen, die je nach Wetterlage an- und ausgezogen werden können. Funktionskleidung hat den Vorteil, dass sie schnell trocknet und die Feuchtigkeit nach Außen transportiert. Aber es geht auch gut ohne! Eine Kopfbedeckung sollte immer dabei sein!

Zudem frieren Kinder bei niedrigeren Temperaturen schneller, was zusätzliche Kleidung erfordert. Vor allem sollte im Winter ein zweites Paar Handschuhe dabei sein, da diese schnell nass und somit kalt werden.

Damit die Tour zu einem Erlebnis wird und die Kinder viel in der Natur machen können, sollten einige Dinge eingepackt werden: Taschenmesser, Taschenlampe, Schnur – damit lassen sich tolle Dinge basteln bzw. wird eine Taschenlampe für die vielen Höhlen benötigt. Zudem darf Verbandszeug und Sonnenschutz nicht fehlen, aber auch Arnikascheele und ein Mittel gegen Insektenstiche sollte im Rucksack dabei sein.

Verpflegung

Ein hungriger Bauch wandert nicht gern … Es gibt kaum etwas Schlimmeres als hungrige Kinder, die zur nächsten Wirtschaft wandern müssen. Packt daher ausreichend Proviant für den Ausflug ein, lieber etwas mehr, als zu wenig – denn die Heimfahrt kommt auch und dann kommt auch der Hunger wieder. Empfehlenswert ist klein geschnittenes Obst, das gut in die Hand genommen werden kann. Reiswaffeln eignen sich auch für unterwegs und belegte Brote dürfen bei einer Brotzeit natürlich nicht fehlen. Auch sollte genug zu trinken dabei sein, auch hier gilt, lieber etwas mehr. An kühleren Tagen auch eine Thermoskanne mit heißem Tee einpacken.

Altersangaben

Die Altersangaben stellen nur einen Richtwert dar. Eltern kennen ihre Kinder und können ihre Kinder einschätzen. Sie wissen, ob die Kinder eine Tour, die eigentlich für ältere Kinder gedacht ist, bereits machen können.

Anfahrt und Naviadresse / Öffentliche Verkehrsmittel

Die Anfahrtsbeschreibung soll eine Orientierungshilfe geben, bei der der Ausgangspunkt immer eine Autobahn bzw. eine Bundesstraße ist. Im Buch ist die Anfahrt immer nur aus einer Richtung beschrieben. Natürlich gibt es auch viele andere Wege, die zum Ausgangspunkt der Touren führen.

Bei Zielen, die in annehmbaren Zeiten und ohne häufiges Umsteigen mit öffentlichen Verkehrsmitteln erreichbar sind, ist dies angegeben. Bei den Radtouren ist die Anfahrt mit Bussen nicht berücksichtigt worden, da Räder in der Regel nicht transportiert werden können. Dies ist nur bei einigen Freizeitlinien des VGN möglich, die einen Fahrradanhänger mitführen.

Die Adresse des Ausgangspunktes der Tour bzw. die nächstgelegene Straße ist in der Beschreibung als Naviadresse angegeben.

Einkehr- und Übernachtungsmöglichkeiten

Entlang der Touren finden sich immer wieder schöne Plätze, um eine Pause mit Brotzeit zu machen. Zudem laden Gasthäuser, Keller, Heckenwirtschaften oder Cafés zu einer Einkehr ein. Eine Auswahl ist bei den jeweiligen Touren angegeben. Je nach Wochentag oder Jahreszeit ändern sich die Öffnungszeiten, bitte diese im Vorfeld der Tour überprüfen!

Bei den Familienwochenenden sind neben Tipps zum Essen auch Übernachtungsmöglichkeiten aufgeführt. Dabei habe ich mich auf eine kleine, empfehlenswerte Auswahl beschränkt; oft auch Unterkünfte, in denen mehrere Familien Platz finden. Für alle Regionen gibt es natürlich viel mehr Möglichkeiten, die über die entsprechenden Tourismusportale gefunden werden können.

Tourbeschreibungen, Wander- und Radkarten

Die Beschreibung der Touren sind so ausführlich, dass sie ohne weitere Hilfen gegangen bzw. gefahren werden können. Meist sind die Touren ausgeschildert.

Bei Wanderungen und Radtouren sollte trotzdem immer eine Wander- bzw. Radkarte mitgeführt werden! Es gibt zwar viele Möglichkeiten, die gpx-Daten der Touren auf einem Smartphone oder GPS-Gerät darzustellen, aber nicht immer reicht die Akkuleistung bzw. die Datenverbindung klappt. Bei den Karten sollte darauf geachtet werden, dass der Maßstab max. 1:50.000 ist.

Die Planungen wurden mit OpenStreetMap gemacht. Je nach verwendetem Kartentyp kann es zu Abweichungen kommen und die Routen liegen nicht exakt auf dem angezeigtem Weg.

GPS-Daten

Die Tour auf dem Handy oder einem GPS-Gerät mitnehmen? Kein Problem! Die gpx-Tracks der im Buch enthaltenen Wanderungen und Radtouren können zur privaten Verwendung geladen werden. **Adresse: www.wanderzwerg.eu/wanderbuch** Passwort: FT_18-H-v$

Hierbei handelt es sich um die tatsächliche Wegstrecke.

Diese Höhenmeter sind auf der Tour zu berücksichtigen. Auf Touren mit großen Höhenunterschieden wurde zusätzlich einen Höhenprofil angegeben. Je nach verwendetem Gerät bzw. Portal können die Höhenangaben abweichen.

Die Zeit ist natürlich keine exakte Angabe, jede Familie hat eine andere Geschwindigkeit. Essens- und Spielpausen sind hier nicht berücksichtigt.

Das Buch ist in folgende Bereiche und Farben aufgeteilt:

25 Wanderungen

7 Radtouren

11 Kletterziele

5 Wildparks und Erlebnisbauernhöfe

10 Bademöglichkeiten

11 Burgen und Ruinen

5 Winterausflüge

5 Familienwochenenden

Wanderungen

1 Stadtökologischer Lehrpfad Bamberg

6 km | 200 | 2,5 Std.

Start: In der Klosteranlage am Michelsberg
Für welches Wetter geeignet? Trockenes Wetter
Wie viel Schatten? ¼ der Tour im Schatten
Geeignet für Kinderwagen? Nein, Kindertrage
Geeignet für Laufrad / Kinderfahrrad? Nein
Steigungen Bis zur Altenburg mehrere Steigungen
Wegbeschaffenheit Teer, Forst- und Waldwege, Treppenstufen (zur Altenburg), Kopfsteinpflaster in der Altstadt
Spielmöglichkeiten Wald an der Altenburg, Spielplatz am Jakobsberg (etwas abseits vom Weg) und im Domgrund
Geeignet ab Jahren 6 Jahre
Anfahrtsbeschreibung A70 Ausfahrt Bamberg-Hafen, B26 Richtung Bischberg fahren, an der ersten Abzweigung Richtung Gaustadt abbiegen und der Gaustadter Hauptstraße folgen, gerade über die Ampel in die Schweinfurter Straße. Parkmöglichkeiten auf der linken Seite.
ÖPNV Bus 910 (HS Michelsberg)
Parkmöglichkeit Parkhaus am Hotel Residenzschloss bzw. Parkmöglichkeiten „Am Leinritt"
Einkehrmöglichkeit Café am Michelsberg, Michelsberg 10, Bamberg, Tel. 0951/57484, **www.restaurant-michaelsberg.de**
Restaurant Café Altenburg, Altenburg 1, Bamberg, Tel. 0951/56828, **www.restaurant-altenburg.de**
Div. Kneipen und Cafés in der Oberen Sandstraße (Ende der Tour)
Sonstige Info, Besonderes am Wegesrand Unter **http://lehrpfad.bamberg.de** gibt es weitere Infos zum Stadtökologischen Lehrpfad. Unter anderem können dort auch Tierstimmen angehört werden. Am Ausgangspunkt befindet sich eine Infotafel mit Flyern des Stadtökologischen Lehrpfades zum Mitnehmen. Etwas abseits der Tour liegt die Villa Remeis. Das Café wird als Sozialprojekt betrieben. Dort gibt es eine tolle Aussicht und leckere Kuchen.

Bei der Wanderung auf dem Stadtökologischen Lehrpfad erlebt ihr die grüne Seite Bambergs und erfahrt dabei Wissenswertes zu Flora und Fauna. Schöne Ausblicke gibt es vom Michelsberg und der Altenburg und zudem laden die Wiesen um die Burg zu einer sonnigen Rast oder Spielpause ein.

96047 Bamberg,
Untere Sandstr. 32

Die Wanderung auf dem Stadtökologischen Lehrpfad startet am großen Kreuz im Garten der Klosteranlage Michelsberg. Von hier bieten sich bereits sehr schöne Ausblicke über die Welterbestadt, es geht am Café vorbei auf die Vorderseite der Kirche und durch ein Tor wird die Klosteranlage verlassen. An der Straße links halten und nach wenigen Metern rechts in die Storchsgasse biegen. Bei der Gaststätte „Einhornskeller" am Ende der Straße links den Jakobsberg bergab bis zur Jakobskirche folgen. Hier be-

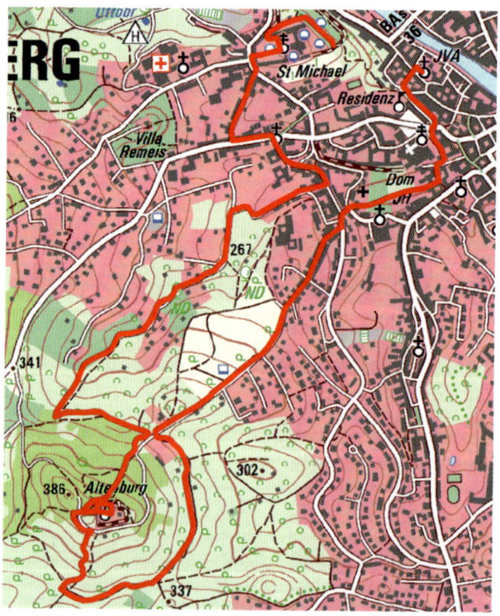

findet sich die Informationstafel 2. An dieser rechts in die kleine Gasse und weiter durch die Sutte gehen. Von dort zweigt rechts der Teufelsgraben ab, der zu den nächsten Stationen führt. Nach Passieren des Zirkus Giovanni geht es ins Grüne. An der Station 4 links halten und weiter auf der Straße, die anschließend in einen Fahrweg und später in einen Wanderweg übergeht, der rechts abzweigt. Der schmale Weg steigt kontinuierlich an und stößt unterhalb der Altenburg auf den Rübezahlweg. Hier nach links gehen und dem Weg in einem Auf und Ab durch den Wald bis zur Straße folgen. Die Tour führt nun nach rechts zur Altenburg, die über Treppenstufen erreicht wird. Nach einem Rundgang durch den Burghof die Burg wieder verlassen und nach links wandern bis rechts ein steiler Fußweg abzweigt, der mit dem Symbol des Stadtökologischen Lehrpfades gekennzeichnet ist. Im weiteren Verlauf folgen noch zwei Infotafeln, bevor es nach links auf den Wanderweg um die Burg geht, der wieder zur Straße zurückführt. Der Altenburger Straße nun bergab bis zur Einmündung folgen und links abbiegen. In der Kurve zweigt der Fuß- und Radweg Im Domgrund ab, auf dem die Wanderung in

die Bamberger Altstadt führt. Hier lädt ein schattiger Spielplatz zum Verweilen ein und der Blick auf den Dom ist einzigartig! Der geteerte Weg geht in Kopfsteinpflaster über und macht eine Linkskurve. An der Kreuzung mit dem Vorderen Bach den Weg geradeaus nehmen, der ein bisschen ansteigt und zum Domplatz führt. Vorbei am Dom, geht es nun schräg über den Platz durch die Residenzstraße und die Elisabethenstraße bis zu Bambergs ältester Kirche, der Elisabethenkirche im Sandgebiet. Von der Aufseßstraße würde ein Fußweg wieder zum Ausgangspunkt am Michelsberg führen.

Highlight

An dieser Tour gefällt mir besonders, dass es eine abwechslungsreiche Wanderung ist. Es gibt viel in der Natur zu entdecken, aber auch Bamberg-Besucher erleben hier viele Highlights der Welterbestadt!

Durch das Felsenlabyrinth Luisenburg

2

Abwechslungsreicher und spannender kann eine Tour für Kinder kaum sein! Hoch die Felsentreppen, durch Felsvorsprünge durch, über Felsen klettern – einfach genial!

95632 Wunsiedel, Luisenburgstraße

Nach Passieren der Kasse des Felsenlabyrinths geht es gleich über Wurzeln und ein paar Treppenstufen nach oben zum Alten Theaterplatz, vorbei an großen Felsen und immer dem blauen Pfeil entlang. Für Kinder bieten sich hier die ersten Gelegenheiten zum Klettern. Über die Burgtreppe geht es weiter aufwärts, vorbei an Felsen mit Inschriften und bereits hier gibt es die ersten Engstellen durch die Felsen. Oben angekommen, bieten sich vom Burgplateau schöne Ausblicke in die nähere Umgebung. Weiter dem blauen Pfeil folgend führt die Tour an knorrigen Bäumen vorbei, über kleinere Felsen hin zum Goethe-

2,5 km	160	2 Std.	●

Start: Eingang zum Felsenlabyrinth
Für welches Wetter geeignet? Trockenes Wetter
Wie viel Schatten? ¾ der Tour im Schatten
Geeignet für Kinderwagen? Nein, Kindertrage
Geeignet für Laufrad / Kinderfahrrad? Nein
Steigungen
Viele Steigungen mit Treppen
Wegbeschaffenheit Enge Wege mit schmalen Felsöffnungen, Waldwege
Spielmöglichkeiten Felsen zum Klettern, Wald
Geeignet ab Jahren 3 Jahre
Anfahrtsbeschreibung
B303 bis zur Abzweigung Wunsiedel/ Felsenlabyrinth und der Luisenburgstraße bis zum Parkplatz am Ende der Straße folgen.
ÖPNV Nein
Parkmöglichkeit Parkplatz am Felsenlabyrinth. Parkplatz gebührenpflichtig.
Einkehrmöglichkeit Luisenburg Gastronomie, Selbstbedienungsrestaurant nahe dem Eingang zum Felsenlabyrinth
Tel. 09232/9155949
Sonstige Info, Besonderes am Wegesrand
Für den Zugang zum Felsenlabyrinth muss Eintritt bezahlt werden!
https://wunsiedel.de/tourismus/felsenlabyrinth-luisenburg/

felsen. Ein kurzes Stück weiter links halten und zum Bellevue wandern. Auf abenteuerlichen Pfaden geht es weiter zum kleinen Labyrinth mit Teufelstreppe. Hier ist dann das Ende des Felsenlabyrinths erreicht und ein schöner Rastplatz lädt zu einer Pause ein. Der Rückweg erfolgt nun entlang der roten Pfeile. Gleich zu Beginn lohnt ein Abstecher zum Bundesstein, der über eine Holztreppe bestiegen werden kann. Von Oben bietet sich eine sehr schöne Aussicht! Nun führt der Weg meist abwärts. An manchen Stellen wird es für Erwachsene etwas eng und der Rucksack muss abgenommen werden. Kurz vor dem Ende des „roten Weges“ bietet die Insel Helgoland mit einem kleinen moosbewachsenem Türmchen Ausblicke auf die umliegenden Felsen. Im Folgenden stößt der „rote Weg“ nun auf den „blauen Weg“ und es geht über den alten Theaterplatz wieder zum Ausgangspunkt zurück. Der Weg ist sehr gut ausgeschildert, kann an verschiedenen Stellen abgekürzt werden oder über die gelben Pfeile verändert werden.

Highlight

Die Wege sind mit blauen, roten und gelben Pfeilen markiert. Für die Kinder ist es ein Highlight, so den richtigen Weg zu finden!

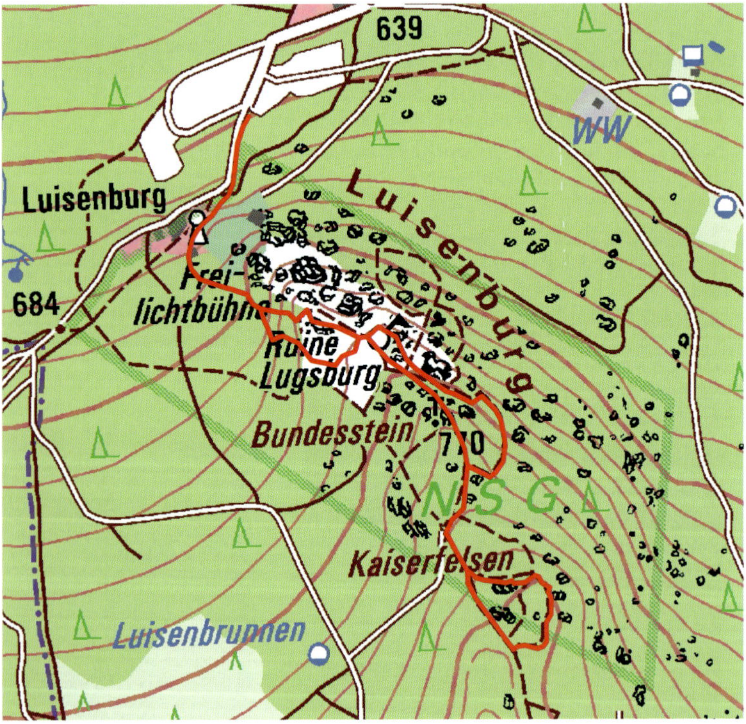

21

3 Weißmainquelle & Weißmainfelsen

4 km | 170 | 3 Std. | ●

Start: Wanderparkplatz Forsthaus Karches (B303)

Für welches Wetter geeignet?
Trockenes und regnerisches Wetter

Wie viel Schatten?
Komplette Tour im Schatten

Geeignet für Kinderwagen?
Bedingt für geländegängigen Kinderwagen geeignet. Der Weg enthält einige Passagen mit Wurzeln und Steinen.

Geeignet für Laufrad / Kinderfahrrad? Nein

Steigungen
Die erste Hälfte des Weges geht es mäßig bergauf und ab dem Weißmainfelsen wieder bergab

Wegbeschaffenheit
Schotter- und Waldwege, teilweise Wurzeln und Steine im Weg

Spielmöglichkeiten
Spielplatz und Streichelzoo am Waldrasthaus Karches, Wald, Felsen am Wegrand, Weißmainquelle mit Bachlauf

Geeignet ab Jahren 3 Jahre

Anfahrtsbeschreibung B303 bis zum Wanderparkplatz bei Karches (etwa 3 km östlich von Bischofsgrün)

ÖPNV VGN Freizeitlinien 329 (Bayreuth – Fichtelberg) und 369 (Bayreuth – Bischofsgrün), 01.05. – 03.10. sonn- und feiertags

Parkmöglichkeit Wanderparkplatz am Forsthaus Karches

Einkehrmöglichkeit Waldrasthaus Karches, Karches 2, 95493 Bischofsgrün, Tel. 09276/218, **www.waldrasthaus-karches.de**

Sonstige Info, Besonderes am Wegesrand
Von der Weißmainquelle ist es nur noch ein kurzer Abstecher zum Ochsenkopf. Nahe der Weißmainquelle befindet sich eine Schutzhütte.

Der Main ist eine wichtige Wasserstraße zwischen der Nordsee und dem Schwarzen Meer. Kaum vorstellbar, wenn man im Fichtelgebirge an der Weißmainquelle steht. Eine kurze und abwechslungsreiche Wanderung, die auch zum Weißmainfelsen führt.

95493 Bischofsgrün, Karches 2

Gemütlich startet die Tour und führt zu Beginn am Karchessee und Waldrestaurant vorbei, bevor es in den Wald geht. Der Weg ist mit dem Wandersymbol „blaues M" ausgeschildert und steigt nun mäßig an. Nach wenigen Minuten wird die Kreuzung mit dem Unterem Ringweg (Bischofsgrün

–Fichtelsee) erreicht. Hier weiter der Beschilderung zur Weißmainquelle und Ochsenkopf folgen. Auf einem schmaleren Waldweg bergauf wandern und im weiteren Wegverlauf werden mehrere kleine Bachläufe passiert. Nach etwa 1,6 km ist das Ziel, die Weißmainquelle erreicht. An der Quelle laden Bänke zu einer Pause ein und eine Tafel zeigt den Flussverlauf mit seinen Quellen und Zuläufen.

An der nächsten Abzweigung links halten und nun führt die Wanderung auf dem „Fränkischen Gebirgsweg“ zum nahen Weißmainfelsen. Der Weg verläuft nun nahezu eben an großen Felsen vorbei und erreicht den auf 929 Meter liegenden Aussichtsfelsen, der über eine Treppe und Leiter bestiegen werden kann. Unten befinden sich Bänke und ein Tisch für eine Rast.

Vom Weißmainfelsen an führt der „Goetheweg“, ein schmaler Waldweg, in mehreren Kurven durch den Wald bergab und stößt beim Rupprecht-

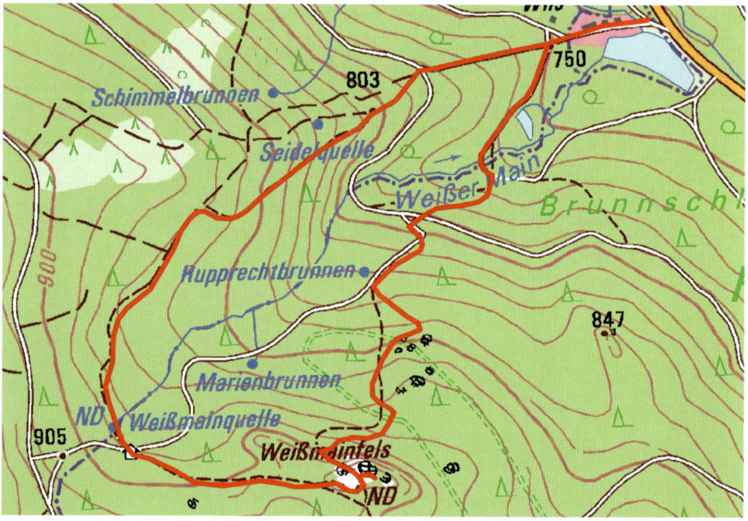

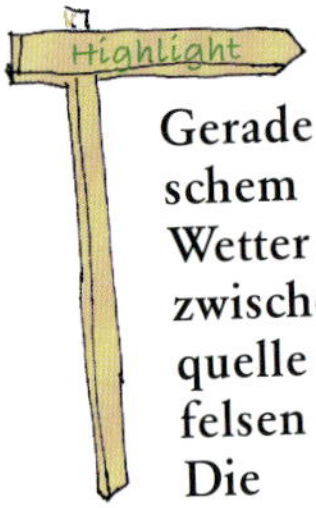

Gerade bei regnerischem und nebligem Wetter wirkt der Weg zwischen Weißmainquelle und Weißmainfelsen sehr mystisch. Die großen Felsen laden zum Spielen ein!

brunnen auf einem Fahrweg. Hier weiter der Beschilderung Richtung Karches folgen und erneut den Unteren Ringweg kreuzen. Es geht weiter bergab und der Weiße Main wird erreicht. Kurz vor dem Bach links halten und in einer Kurve den Bach überqueren, bevor es gerade zum Ausgangspunkt am Waldrestaurant Karches zurück geht.

Um den Fichtelsee

4

Der Fichtelsee – ein kleiner Bergsee auf 750 Meter, ist ein schönes und leicht zu erreichendes Ausflugsziel für Familien. Entlang des Weges gibt es viele Stellen zum Plantschen, einen Spielplatz im Wald und schöne Felsen zum Kraxeln.

95686 Fichtelberg, Fichtelseestraße 30

Die Tour startet am Campingplatz und führt über einen Teerweg direkt an den Fichtelsee. Hier links halten und auf dem Fränkischen Gebirgsweg in nördlicher Richtung wandern. Auf dem Forstweg geht es nun durch den Wald, vorbei an einer Abzweigung nach rechts, über die der Rundweg abgekürzt werden könnte. Hier lohnt ein kurzer Abstecher zum See, um den schönen Ausblick zu genießen! Wieder zurück wandern wir weiter auf dem Fränkischen Gebirgsweg und errei-

2,5 km	50	2 Std.	●

Start: Campingplatz Fichtelsee

Für welches Wetter geeignet? Nahezu jedes Wetter, besonders empfehlenswert im Sommer

Wie viel Schatten? ¾ der Tour im Schatten

Geeignet für Kinderwagen? Ja

Geeignet für Laufrad / Kinderfahrrad? Ja

Steigungen Kaum Steigungen

Wegbeschaffenheit Meist leichte Forstwege

Spielmöglichkeiten Spielplatz im Wald, Felsen zum Klettern (südliches Ende des Sees), Wald, Plantschen im See, Bootsverleih, Hütte und „Aussichtsturm" an der Brücke zum Waldhotel

Geeignet ab Jahren Jedes Alter

Anfahrtsbeschreibung B303 bis zur Abzweigung Fichtelberg. Der Straße nach Fichtelberg folgen, vorbei am Minigolfplatz und links in die Fichtelseestraße zum Parkplatz und Campingplatz biegen. Der Parkplatz ist nach wenigen Metern auf der linken Seite.

ÖPNV VGN Freizeitlinien 329 (Bayreuth – Fichtelberg) und 369 (Bayreuth – Bischofsgrün)

Parkmöglichkeit Parkplatz in der Fichtelseestraße

Einkehrmöglichkeit
Waldhotel „Am Fichtelsee" mit Seeterrasse, Am Fichtelsee 1, 95686 Fichtelberg, Tel. 09272 /96400-0, **www.am-fichtelsee.de**

Sonstige Info, Besonderes am Wegesrand
Puppenspiel am Waldhotel (20-Cent-Stücke nötig)

Highlight

Nach der Wanderung um den See war die Fahrt mit dem Tretboot ein schöner Abschluss des Ausflugs.

chen das Ende des Sees mit einer Gras- und Moorlandschaft. In einer langgezogenen Rechtskurve geht es um den See, vorbei an mehreren Abzweigungen. Über Holzplanken führt der Weg nun wieder nach Süden und geht im Wald in einen Forstweg über. Die nächste Abzweigung rechts liegen lassen und weiter am See entlang. Etwas oberhalb des Weges befindet sich im Wald ein schöner und schattiger Spielplatz, der zu einer Spielpause einlädt. Direkt am Ufer geht es nun zum Waldhotel „Am Fichtelsee" mit einer schönen Terrasse. Das Gelände überqueren und dem Wanderweg weiter um den See folgen. Im Folgenden wird eine kleine Badeplattform und eine Picknickstelle passiert, bevor mit einer Staumauer das südliche Ende des Sees erreicht wird. Erstmals zeigt sich hier der Gipfel des Schneebergs mit seinem Turm. Nun geht es vorbei an einer Abzweigung nach Fichtelberg wieder nach Norden. Im Wald, etwas abseits des Weges liegen ein paar große Felsformationen, die zum Klettern einladen! Auf dem Wanderweg mit der Nummer 1 führt die Tour nun vorbei an einer Hütte mit Bänken und einer Brücke, die wieder zum Waldhotel führen würde. Von hier ist es nur noch ein kurzes Stück am See entlang zum Ausgangspunkt der Wanderung am

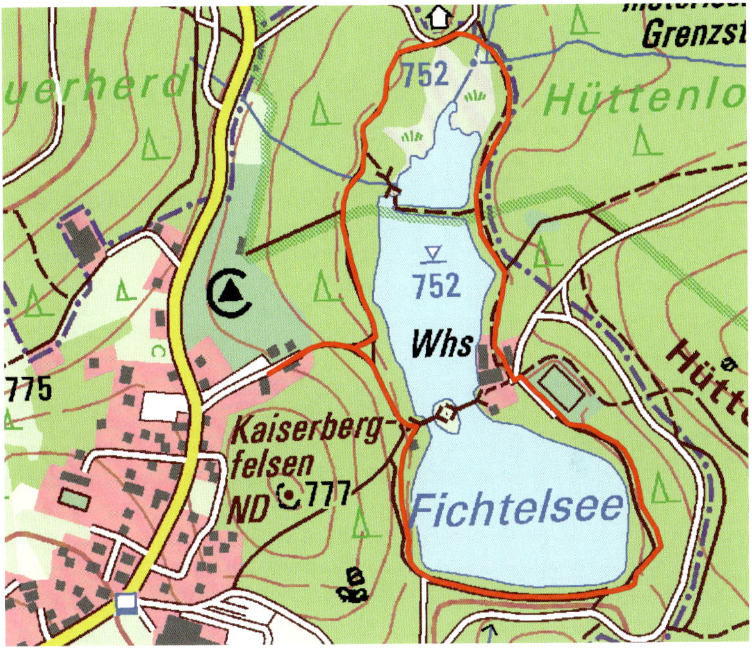

Campingplatz. Dazu an der nächsten Abzweigung links halten und etwas bergauf zum Campingplatz gehen.

5 Landesgartenschau-gelände Bayreuth

2,8 km	15	2 Std.	●

Start: Am Parkplatz in der Äußeren Badstraße
Für welches Wetter geeignet? Trockenes Wetter, für den Wasserspielplatz sollte es entsprechend warm sein!
Wie viel Schatten? Kein Schatten
Geeignet für Kinderwagen? Ja
Geeignet für Laufrad / Kinderfahrrad? Ja
Steigungen Keine Steigungen
Wegbeschaffenheit Geschotterte Wege
Spielmöglichkeiten Klettergerüst aus Baumstämmen (etwas abseits des Weges), Netzlandschaft Sportkabinett, Wasserspielplatz Fossilieninseln, Roter Main, große Schaukeln, Beachvolleyballfeld, Spielplatz an der Seebühne
Geeignet ab Jahren Jedes Alter
Anfahrtsbeschreibung A9 bis zur Ausfahrt Bayreuth Nord, weiter auf die B2 Richtung Zentrum. Links in die Grünewaldstraße biegen, den Roten Main passieren und anschließend links in die Badstraße fahren und den Parkplatz nach der Kleingartenanlage nutzen.
ÖPNV 302 (HS Wieland-Wagner-Str.), 304 (HS Dürschnitz), jeweils mit kurzem Fußweg
Parkmöglichkeit Parkplatz an der Kleingartenanlage bzw. am Volksfestplatz
Einkehrmöglichkeit Kiosk an der Seebühne
Sonstige Info, Besonderes am Wegesrand Badesachen und Sonnencreme einpacken!

Eine sonnige Tour entlang bunt blühender, naturbelassener Wiesen erwartet die Besucher auf dem ehemaligen Gelände der Landesgartenschau. Die kurze Tour bietet Kindern einen Kletter- und einen Wasserspielplatz.

95448 Bayreuth, Äußere Badstraße

Vom Parkplatz aus führt die Tour über die Auenpromenade Richtung Eremitage durch das Gelände der Landesgartenschau, die 2016 in Bayreuth stattfand. Es geht an der Seebühne mit Kiosk und Sitzmöglichkeiten vorbei, gefolgt von einigen Beeten, zwischen denen große Schaukeln aufgebaut sind. Immer geradeaus wird nach wenigen Minuten die Netzlandschaft

Sportkabinett erreicht. Nach einer ausgiebigen Spielpause geht die Tour weiter auf dem geschotterten Weg bis zum Ende des Geländes und führt nach links, quert einen kleinen Seitenarm des Roten Mains und zweigt anschließend nach rechts ab. Kurz darauf wird linkerhand eine steinerne Brücke erreicht. Hier die Flussseite wechseln und anschließend links halten und dem Mainwiesenweg entlang des Flusses folgen. Auf verschiedenen Tafeln wird Wissenswertes zum Leben im und am Main erklärt. Der Weg führt an bunt blühenden Wiesen und kleinen Buchten vorbei, bevor der Wasserspielplatz Fossilieninseln erreicht wird. An verschiedenen Pumpen und Spritzen können die Kleinen hier Wasser schöpfen oder auch am Flussufer matschen. Die Tour führt weiter am Main entlang und mündet in den Auenweg. Es geht weiter nach links bis zum Wehr, an dem wieder auf die andere Seite gewechselt wird. Anschließend rechts gehen und vor der Kleingartenanlage links halten und den Weg über den Parkplatz bis zum Ausgangspunkt in der Äußeren Badstraße folgen.

Vor- und Grundschulkinder werden den Kletterspielplatz lieben! Hoch hinauf, über das Netz sausen, sich fallen lassen – einfach genial.

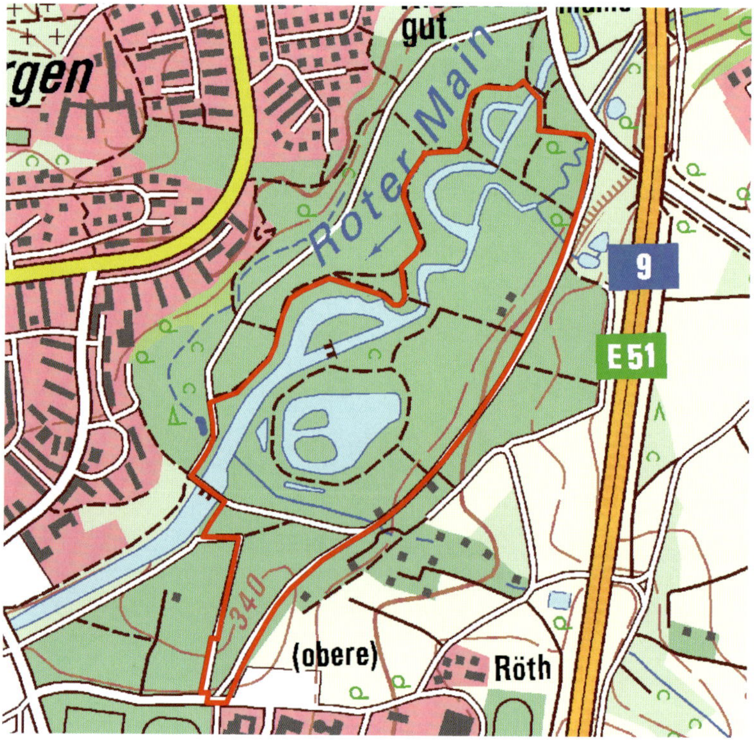
gut
Roter Main
9
E 51
340
(obere)
Röth

Felsengarten Sanspareil und Burg Zwernitz 6

Eine kurze und leichte Wanderung mit vielen Felsen, Höhlen, einem Felsentheater, einer Burg und Einkehrmöglichkeit mit leckeren Kuchen und Windbeuteln – was will man mehr? Im Felsengarten Sanspareil wird es keinem Kind langweilig!

96197 Wonsees, Sanspareil 34

Zwischen Parkplatz und Morgenländischem Bau startet die Tour und folgt dem Wegweiser zum Naturtheater. Auf einem festen Weg geht es gleich zu Beginn vorbei an Felsen durch den schönen Buchenwald. An der ersten Abzweigung rechts halten und immer am Waldrand entlang. Kurz vor

2,7 km | 30 | 1,5 Std.

Start: Am Morgenländischen Bau

Für welches Wetter geeignet? Ganzjährig, nahezu jedes Wetter

Wie viel Schatten? ¾ im Schatten

Geeignet für Kinderwagen? Ja (einzelne Stufen, vor allem entlang des inneren Weges durch den Felsengarten)

Geeignet für Laufrad / Kinderfahrrad? Laufrad ja

Steigungen Minimale Steigungen

Wegbeschaffenheit Fest gewalzte Wege und Waldwege

Spielmöglichkeiten Der Felsengarten ist ein einziger Abenteuerspielplatz!

Geeignet ab Jahren jedes Alter

Anfahrtsbeschreibung A70 Bamberg – Bayreuth bis zur Ausfahrt Schirradorf und weiter Richtung Wonsees. Dort zweimal links Richtung Sanspareil fahren.

ÖPNV Nein

Parkmöglichkeit Parkplatz direkt am Felsengarten

Einkehrmöglichkeit Schlosscafé Sanspareil, Sanspareil 32, 96197 Wonsees, Tel. 01512/4114274, www.facebook.com/Opels-Schloßcafe-Sanspareil-546738802170004

Sonstige Info, Besonderes am Wegesrand Der Felsengarten ist ganzjährig frei zugänglich. Die Burg Zwernitz und der Morgenländische Bau können von April bis 15. Oktober besichtigt werden. Mehr Infos unter: www.wonsees.de/tourismus/ausflugsziele

Nahe dem Felsengarten liegt das Pferdeparadies Sanspareil, bei dem u.a. Ponyspaziergänge, Kindergeburtstage und Reitkurse angeboten werden. Mehr Infos unter: www.pferdeparadies-sanspareil.de

dem Naturtheater wird mit dem Belvedere ein Aussichtsfelsen erreicht, der über eine Treppe bestiegen wird. Nun wird das Theater erreicht, das äußerst eindrucksvoll ist und unbedingt besichtigt werden sollte! Entweder durch das Theater oder an diesem in einer Linkskurve vorbei wird anschließend die Kalypsogrotte erreicht und die Tour verläuft nach rechts weiter zur Aeoulusgrotte und Sibyllengrotte. Mit einer Linkskurve führt die Wanderung wieder zurück Richtung Naturtheater. An der nächsten Abzweigung links halten und anschließend nach rechts gehen. Es geht nochmals rechts weiter zum Pansitz und anschließend auf einem Weg parallel zur Straße zur Vulcans- und Bärenhöhle. Nach dieser rechts halten und weiter entlang der Straße wandern, bis diese erreicht wird. Nun links am Busparkplatz vorbei und am anschließenden Parkplatz nach rechts zum Hühnerloch abbiegen. Weiter geht es an einer Abzweigung zur Burg Zwernitz vorbei zum Waldrand. Der Durchgang ist während der Wintermonate geschlossen! Dort links halten und auf einem Forstweg zum Ort wandern. Nachdem die ersten Häuser erreicht sind, links auf die Hauptstraße zugehen. An dieser erneut links gehen und vorbei an der Burg Zwernitz zurück zum Morgenländischen Bau.

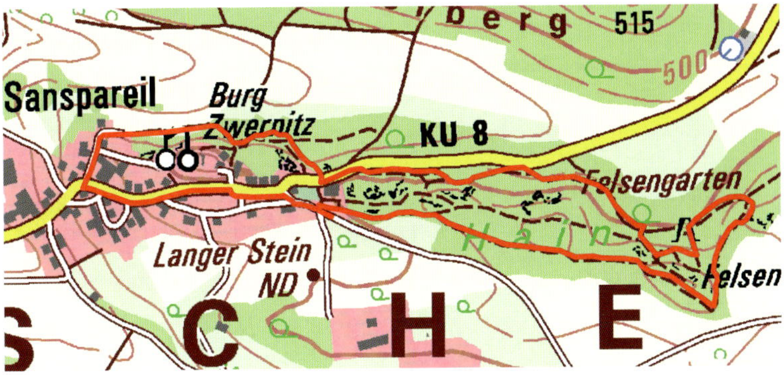

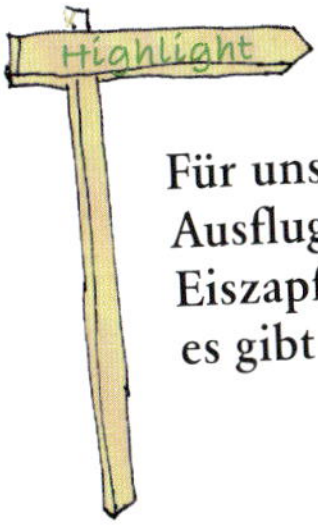

Für uns ist der Felsengarten immer wieder ein schönes Ausflugsziel: Im Sommer schattig, im Winter mit vielen Eiszapfen an den Felsen – den Kindern gefällt es und es gibt immer wieder etwas zu entdecken!

7 Druidenhain in Wohlmannsgesees

0,6 km / 0,5 Std.

Start: Parkplatz an der Straße von Wohlmannsgesees nach Windischgaillenreuth
Für welches Wetter geeignet? Nahezu jedes Wetter, wobei die Steine bei Nässe rutschig sind!
Wie viel Schatten? komplett im Schatten
Geeignet für Kinderwagen? geländegängiger Kinderwagen
Geeignet für Laufrad / Kinderfahrrad? Nein
Steigungen Keine Steigungen
Wegbeschaffenheit Forst- und Waldwege, Waldboden abseits der Wege
Spielmöglichkeiten Der Druidenhain ist ein einzigartiger Spielplatz für Kinder!
Geeignet ab Jahren 1 Jahr
Anfahrtsbeschreibung B470 Streitberg – Behringersmühle, zwischen Muggendorf und Wiesentbrücke (blaues Geländer) nach Wohlmannsgesees abbiegen und den Berg hochfahren. Links zum Ort abbiegen, diesen durchqueren und links am Waldrand parken.
ÖPNV Nein
Parkmöglichkeit Parkplatz am Waldrand direkt an der Straße
Einkehrmöglichkeit Gasthaus/Pension Heid, Wohlmannsgesees 1, 91346 Wiesenttal, Tel. 09196/306; Brückla Muggendorf, Café und Gaststätte mit Bänken direkt an der Wiesent, Wiesentweg 18, Muggendorf, Tel. 09196/998100, **www.brueckla.de**
Sonstige Info, Besonderes am Wegesrand Im Waldstück am Parkplatz befinden sich auch sehr schöne Felsen, auf denen Kinder toll klettern können! Eine Wegverlängerung nach Wohlmannsgesees ist gut möglich.

Es ist nur eine sehr kurze Tour, bei der das Spielen und Klettern im Vordergrund steht. Gerade im Frühjahr und Sommer eine schöne Tour, da sie sehr schattig ist.

91346 Wiesenttal, Wohlmannsgesees

Vom Parkplatz aus führt die Tour auf die gegenüberliegende Straßenseite und zweigt nach rechts in einen Forstweg ab. Am Waldrand diesem folgen, vorbei an einer Bank mit Tisch. Hier können die Kinder bereits durch eine Felsöffnung gehen und gut klettern. Auf einer Tafel werden die Felsen im Druidenhain erklärt. Dem Weg weiter folgen und an der nächsten Abzweigung

links in den Wald gehen. Nun sind es nur noch wenige Meter bis linkerhand die ersten Felsformationen des Druidenhains erreicht werden. Ab hier werden die Kinder wahrscheinlich den Weg verlassen und quer durch den Wald zu den einzelnen Felsen sausen und diese besteigen. Etwas tiefer im Wald zweigt links auch ein Weg ab, über den man durch den Druidenhain gelangt. Nach einer ausgiebigen Spielpause geht es auf dem Weg weiter Richtung Straße. An dieser links halten und am Rand Richtung Parkplatz wieder zurück gehen.

Highlight

Die sehr kurze Runde eignet sich besonders gut, wenn die Kinder nicht viel laufen wollen, aber es trotzdem in die Natur gehen soll. Die Felsformationen und urig gewachsenen Bäume lassen die Kinder in eine Phantasiewelt eintauchen, die perfekt zum Spielen ist.

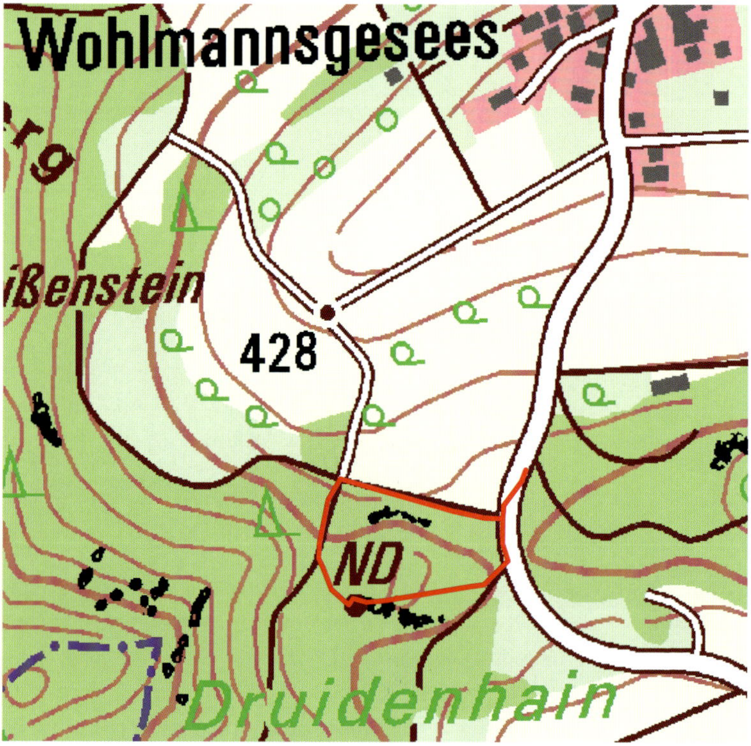
Wohlmannsgesees
rg
ißenstein
428
ND
Druidenhain

Zum Hasenloch in Pottenstein

8

Eine gemütliche und sehr abwechslungsreiche Tour, bei der die Kinder verschiedene Höhlen erkunden und über Felsen klettern können. Himmelsleiter und Hohe Warte bieten zudem sehr schöne Ausblicke über Pottenstein und die Umgebung!

91278 Pottenstein, Am Stadtgraben

Vom Parkplatz aus der Straße nach links folgen und anschließend rechts in die Freiherr-von-Redwitz Gasse gehen. Dieser bis zum Ende folgen und weiter links in die Hauptstraße biegen. Auf dieser bis zur Abzweigung des Löhrgässchen bleiben und nun durch die Gasse Pottenstein verlassen. Die Tour führt entlang der Püttlach ins Obere Püttlachtal und verläuft als

4,5 km | 180 | 3 Std.

Start: Parkplatz an der Straße „Am Stadtgraben"
Für welches Wetter geeignet? Trockenes Wetter
Wie viel Schatten? ½ der Tour im Schatten
Geeignet für Kinderwagen? Geländegängiger Kinderwagen
Geeignet für Laufrad / Kinderfahrrad? Nein
Steigungen Mehrere Steigungen, steiler Abstieg am Ende der Tour (Alter Burgweg)
Wegbeschaffenheit Teer- und Waldwege
Spielmöglichkeiten Wald, Felsen und Höhlen am Wegesrand, Felsenlabyrinth, Wiesen, Püttlach
Geeignet ab Jahren 3 Jahren (kleiner Kinder in Kraxe oder geländegängigem Kinderwagen)
Anfahrtsbeschreibung B470 bis Pottenstein. Im Ort Richtung Zentrum abbiegen, weiter in die Straße „Am Stadtgraben" und den kostenpflichtigen Parkplatz an der Püttlach nutzen.
ÖPNV Bus 389 (Wiesenttal-Express Ebermannstadt – Pegnitz)
Parkmöglichkeit Parkplatz „Am Stadtgraben" oder Parkplatz „Am langen Berg"
Einkehrmöglichkeit
Waldcafé Pottenstein, Schattige Terrasse direkt an der Püttlach, Oberes Püttlachtal 40, 91278 Pottenstein, Tel. 09243/903040;
Stadtcafé Wunderlich, leckere Torten und Kuchen, Terrasse, Hauptstr. 7, 91278 Pottenstein, Tel. 09243/282
Sonstige Info, Besonderes am Wegesrand
Taschenlampe einpacken! Burg Pottenstein mit Burgbesichtigung: Infos und Öffnungszeiten: **www.burgpottenstein.de**; Die Wanderung kann sehr gut mit einem Besuch der Teufelshöhle, des Felsenbads oder der Sommerrodelbahn kombiniert werden. Weitere Infos unter: **www.pottenstein.de/pottensteiner-erlebnismeile**

Wanderweg durch den Wald weiter. An der nächsten Abzweigung den rechten Weg wählen, auf dem bereits das Hasenloch mit einem grünen Punkt beschildert ist. Nun steigt der Weg an und bei der nächsten Abzweigung gerade weitergehen. Etwas erhöht befinden sich ein paar Kletterfelsen, die einen Abstecher lohnen. Zudem gibt es eine sehr enge Höhle, durch die Kinder und Erwachsene durchkriechen können. Nach einer langgezogenen Rechtskurve wird der Waldtempel mit Kruzifix und einigen Bänken passiert. Zum Hasenloch sind es nun nur noch ein paar Minuten, auf denen nochmals eine kleine Höhle erreicht wird. Sehr eindrucksvoll liegt das 31 Meter lange Hasenloch rechterhand erhöht vom Wanderweg. Nach einer ausgiebigen Spiel- und Erkundungspause geht die Tour weiter. An der nächsten Kreuzung rechts halten und Richtung Pottenstein wandern. Es geht am Waldrand weiter bis zur nächsten Weggabelung. Hier links wandern und nochmals ein kleines Waldstück passieren. Nach Verlassen des Waldes wird ein kleines Felsenlabyrinth erreicht. Ein Abstecher zum Aussichtsturm Himmelsleiter ist von hier aus gut möglich. Die Wanderung folgt nun dem Weg „Auf den Spuren der Heiligen Elisabeth" und ist mit einer Rose symbolisiert. Anfangs über Wiesen, später auf Teer führt die Wanderung zurück nach Pottenstein und erreicht die Burg, die hoch über dem Ort liegt. Vor dieser scharf rechts abbiegen und den steilen Berg abwärtsgehen. Über die Straße Alter Burgweg wird das Löhrgässchen erreicht. Links geht es über die

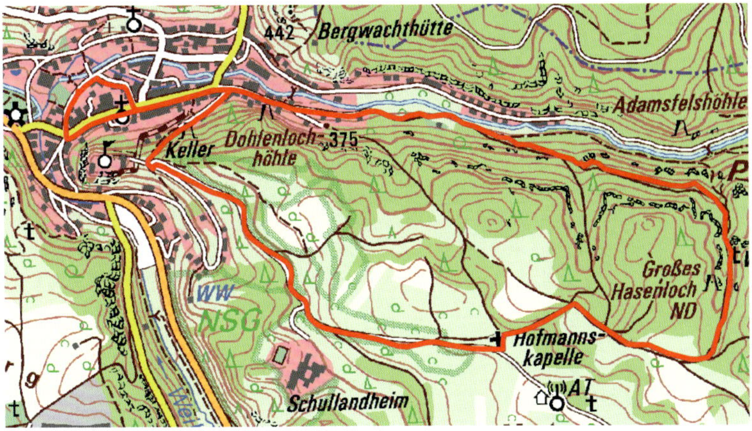

Hauptstraße zurück ins Zentrum, vorbei am Scharfrichter-Museum, bevor rechts die Straße Am Stadtgraben abzweigt, die zum Ausgangspunkt zurückführt.

Tipp: Mit Kinderwagen empfiehlt sich von der Burg aus der Rückweg über die Burgstraße und Pegnitzer Straße, da diese nicht so steil sind.

Highlight

Neben dem Hasenloch fanden unsere Kinder eine kleine Höhle am Wegesrand, durch die sie krabbeln konnten am beeindruckendsten.

9 Muggendorfer Höhlentour

6 km | 450 | 3–4 Std. | ●

Start: Parkplatz an der Forchheimer Straße in Muggendorf
Für welches Wetter geeignet? Trockenes Wetter, jede Jahreszeit
Wie viel Schatten? ¾ der Strecke im Wald
Geeignet für Kinderwagen? Nein
Geeignet für Laufrad / Kinderfahrrad? Nein
Steigungen Mehrere Steigungen, teilweise steilere Anstiege
Wegbeschaffenheit Teer (im Ort), Waldwege mit vielen Wurzeln, schmale Pfade
Spielmöglichkeiten Wald mit Felsen, Höhlen
Geeignet ab Jahren 6 Jahren
Anfahrtsbeschreibung B470 Forchheim – Pottenstein bis Muggendorf. Dort in die Forchheimer Str. biegen und anschließend links parken.
ÖPNV Muggendorf ist mit den VGN-Linien 231 (Ebermannstadt – Nackendorf), 233 (Ebermannstadt – Waischenfeld) und 389 (Ebermannstadt – Pegnitz) erreichbar. Zwischen Forchheim und Ebermannstadt besteht regelmäßiger Zugverkehr. Zudem ist Muggendorf Haltepunkt der Dampfbahn Fränkische Schweiz, die zwischen Mai und Ende Oktober an Sonn- und Feiertagen verkehrt.
Parkmöglichkeit Parkplatz am Ortseingang von Muggendorf
Einkehrmöglichkeit
Brückla, sehr schöne Sitzplätze direkt an der Wiesent, Wiesentweg 18, 91346 Muggendorf, Tel. 09196/998100, www.brueckla.de
Sonstige Info, Besonderes am Wegesrand
Für die Wanderung sind Taschenlampen nötig, da die Rosenmüllerhöhle etwas abseits liegt und besichtigt werden kann. Zudem führt der Wanderweg durch die Oswaldhöhle mit einer Durchgangshöhe von teilweise nur 1,50 Metern. Während der Wintermonate sollen die Höhlen nicht betreten werden, da diese Schutz für Fledermäuse bieten. Die Tour eignet sich auch hervorragend als Trailrunningstrecke! Auf einigen Abschnitten verläuft der jährlich stattfindende Frankenweg-Trail (Marathon).

Hoch über dem Wiesenttal verläuft die Höhlentour größtenteils auf dem Frankenweg, einem der schönsten Wanderwege der Region! Schmale Pfade, Wurzeln, Felsen und immer wieder tolle Aussichten machen die Tour zu einem wahren Highlight!

91346 Muggendorf,
Forchheimer Str. 3

Die Wanderung führt anfangs entlang der Forchheimer Straße, zweigt halb links in den Oberen Markt ab und am Ende des Platzes links in den Schmiedsberg. Kurz vor Verlassen Muggendorfs links halten und dem Rundwanderweg „Langes Tal“ mit dem Symbol „Blauer Kreis“ folgen. Nahezu eben verläuft der Weg und trifft nach einer Rechtskurve auf den Frankenweg. Hier nach rechts wandern und den Berg über Treppenstufen nach oben folgen. Nach wenigen Minuten wird die Abzweigung zum Brunhildenstein erreicht. Von dem Aussichtsfelsen bieten sich sehr schöne Ausblicke ins Wiesenttal! Wieder zurück auf dem Frankenweg steigt der Weg noch etwas an, führt an kleineren Felsen vorbei und anschließend geht es wieder

bergab. Etwa bei km 3 zweigt rechts ein Weg zur Rosenmüllerhöhle ab. Die Besichtigung der ehemaligen Tropfsteinhöhle ist sehr lohnenswert, da diese häufig mit Kerzen beleuchtet ist. Nun geht es weiter, es wird ein Weg gequert, der nach Muggendorf zum Ausgangspunkt führen würde (Möglichkeit zur Abkürzung). Auf dem Frankenweg weiter wandern bis rechterhand die Koppenburg erreicht wird, ein weiterer Aussichtsfelsen. An diesem links gehen, dem Weg bis zur Straße am Waldrand folgen und der Straße nach rechts folgen. Es wird eine weitere Abkürzungsmöglichkeit Richtung Muggendorf überquert und anschließend rechts halten und zum Wanderparkplatz gehen. Nun wieder rechts halten und der Weg verläuft für etwa 200 Meter an der Straße, bevor er auf der gegenüberliegenden Seite wieder auf einem Wanderweg in den Wald führt. Diesem Weg bis zum Pavillon folgen. Hier bieten sich nochmals schöne Ausblicke auf Muggendorf. Weiter führt die Wanderung Richtung Oswaldhöhle. Immer auf dem Frankenweg bleiben und nach einer Rechtskurve etwas bergab gehen und die Straße überqueren. Nun steigt die Wanderung wieder etwas an und nach einer Linkskurve wird die Oswaldhöhle erreicht, durch die der Frankenweg verläuft. Hier besonders aufpassen, da die Durchgangshöhe teilweise nur 1,5 Meter beträgt! Am anderen Ende angekommen geht es links auf die Höhle und nahe der Felsen

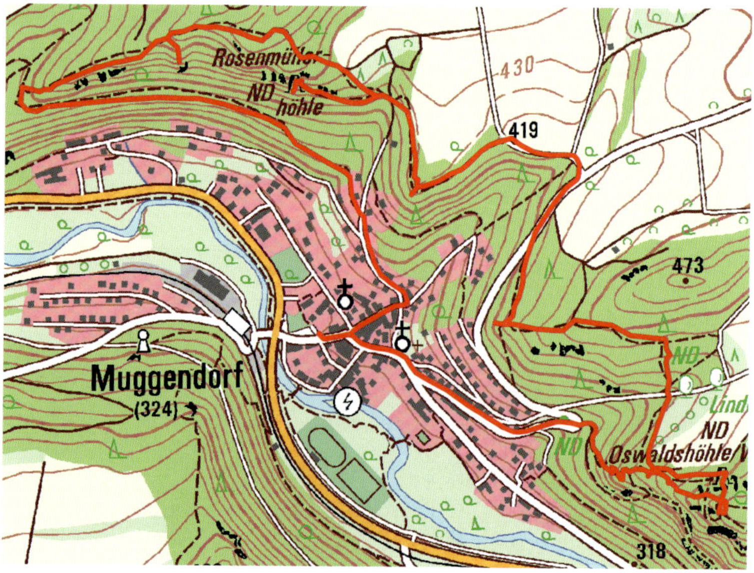

Höhenprofil

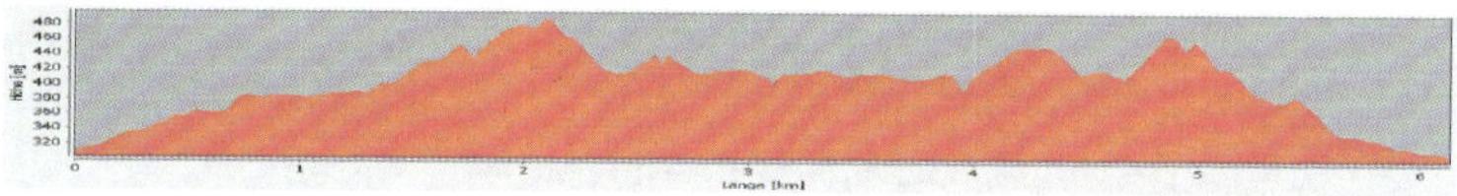

zum Wiesenttal wieder bergab. An mehreren Stellen laden Bänke zu einer kurzen Rast ein. Nun führt die Wanderung nur noch bergab und folgt der Beschilderung nach Muggendorf. Nach ein paar Treppenstufen anfangs noch auf einem schmalen Weg, bevor ein Forstweg erreicht wird. Nach einer Linkskurve wird die Straße Dooser Berg erreicht, hier links halten und weiter in den Ort gehen. Entlang der Straßen Lindenberg und Bayreuther Straße wird die Forchheimer Straße und der Ausgangspunkt erreicht.

Die beiden Höhlen entlang der Wanderung sind einfach klasse, vor allem die Rosenmüllerhöhle, die häufig mit Kerzen beleuchtet ist.

Zum Quackenschloss

Eine aussichtsreiche Tour, die viele Klettermöglichkeiten bietet. Bei trockenem Wetter ist die Wanderung zu jeder Jahreszeit möglich.

91346 Muggendorf, Engelhardsberg

Die Tour startet am Wanderparkplatz außerhalb von Engelhardsberg, von wo aus ein Wiesenweg nach rechts am Waldrand entlangführt. Kurz darauf zweigt ein beschilderter Weg nach rechts in den Wald, diesem folgen (Beschilderung: Muggendorf, roter Querstrich, gelber Kreis). Auf einem schmalen Pfad wird nach einer Linkskurve der Adlerstein erreicht, von dem sich eine sehr schöne Aussicht bietet. Weiter führt der beschilderte Waldweg und immer wieder laden Felsen zum Klet-

10

2,3 km | 100 | 1 Std.

Start: Wanderparkplatz außerhalb von Engelhardsberg Richtung Behringersmühle

Für welches Wetter geeignet?
Trockenes Wetter, jede Jahreszeit. Teilweise Rutschgefahr an den Felsen bei Nässe oder Schnee. Tipp: Bei Schnee evtl. vom Quackenschloss den Hinweg auch als Rückweg benutzen.

Wie viel Schatten? ½ der Strecke im Wald

Geeignet für Kinderwagen?
Nein, Kindertrage ja

Geeignet für Laufrad / Kinderfahrrad? Nein

Steigungen Mehrere mäßige Steigungen, häufiges Auf und Ab

Wegbeschaffenheit Größtenteils Wald- und Forstwege

Spielmöglichkeiten Wald, Felsen, Aussichtsfelsen Adlerstein, Quackenschloss

Geeignet ab Jahren 3 Jahren

Anfahrtsbeschreibung B470 Forchheim – Pottenstein bis Muggendorf. Dort in die Forchheimer Straße biegen und rechts in die Bayreuther Straße. Links zweigt anschließend die Straße Lindenberg ab, die über den Dooser Berg nach Engelhardsberg führt. Nach Muggendorf weiter geradeaus bis zur nächsten Kreuzung, dort rechts fahren. Durch Engelhardsberg durch und nach dem Ort die nächste Rechts fahren und links zum Wanderparkplatz abbiegen.

ÖPNV Bus 231 und 389 (HS Engelhardsberg)

Parkmöglichkeit Wanderparkplatz außerhalb von Engelhardsberg

Einkehrmöglichkeit
N°9 Altes & Neues, kleines privates Café, Engelhardsberg 39, 91346 Wiesenttal

Sonstige Info, Besonderes am Wegesrand
Achtung: Absturzgefahr vom Felsen über dem Quackenschloss!

tern und spielen ein. In einem ständigen Auf und Ab wird das Quackenschloss erreicht. Eine leicht zugängliche Höhle, die an beiden Seiten offen ist. Nach Durchschreiten der Höhle führt ein schmaler Pfad nach rechts um die Höhle und die Felsen. Von der Rückseite aus kann nun der Aussichtsfelsen über dem Quackenschloss betreten werden. Alternativ ist es auch möglich, von der Höhle ein paar Meter zurückzugehen und anschließend rechts auf den Felsen gehen.

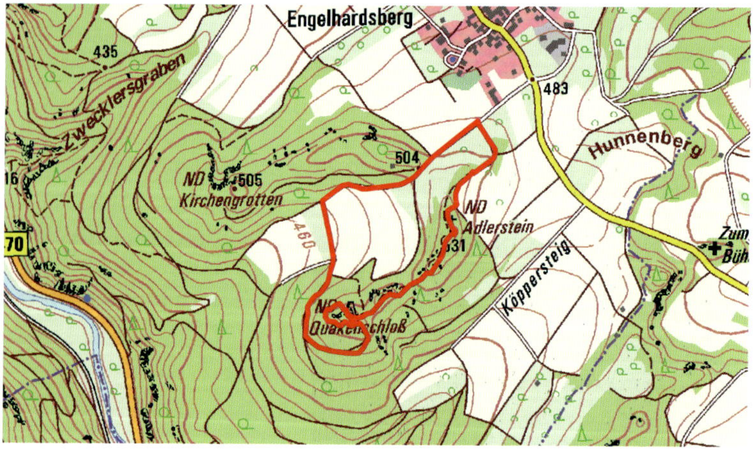

Für den Rückweg wieder vom Felsen runtersteigen, und etwa gerade in den Wald gehen. An dieser Stelle wird es für die Kleinen spannend, da kein Weg erkennbar ist. Rechts halten und den etwas unterhalb verlaufenden Weg nach rechts wählen. Auf diesem nun bleiben bis der Waldrand erreicht wird. Ein Forstweg führt nun gerade zwischen einer Wiese und einem Feld zur gegenüberliegenden Seite. Hier nach rechts am Waldrand entlang wandern. Am Ende des Waldes gerade weiter auf dem Forstweg bis rechts die Abzweigung zum Wanderparkplatz erreicht wird. Über diesen Weg geht es zum Ausgangspunkt zurück.

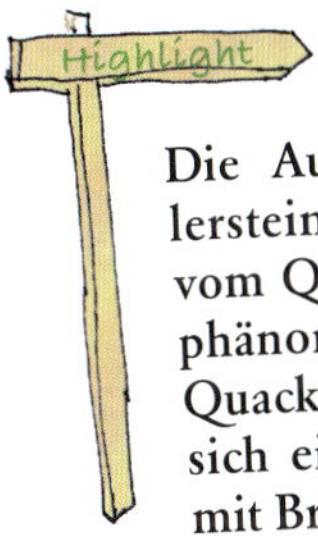

Die Aussicht vom Adlerstein und vor allem vom Quackenschloss ist phänomenal! Über dem Quackenschloss lässt sich eine schöne Pause mit Brotzeit einlegen!

11

Von Leutenbach auf das Walberla

5,5 km | 290 | 3 Std.

Start: Am Sportplatz in Leutenbach
Für welches Wetter geeignet?
Trockenes Wetter
Wie viel Schatten?
¼ der Tour im Schatten
Geeignet für Kinderwagen?
Nein (für geländegängige Kinderwagen ist die Tour zum Walberla ab dem Wanderparkplatz bei Schlaifhausen geeignet)
Geeignet für Laufrad / Kinderfahrrad? Nein
Steigungen Mehrere Steigungen zum Walberla und zum Rodenstein
Wegbeschaffenheit
Anfangs Teer, später Forst- und Waldwege, am Walberla Wiesenpfade
Spielmöglichkeiten Spielplatz in Leutenbach, Felsen am Wegesrand, Wald, Wiesen, Drachensteigen am Walberla
Geeignet ab Jahren 3 Jahren (kleiner Kinder in Kraxe oder geländegängigem Kinderwagen)
Anfahrtsbeschreibung B470 Forchheim – Ebermannstadt bei der Abzweigung Kirchehrenbach verlassen. Durch den Ort fahren und weiter bis Leutenbach. Rechts in die Ehrenbürgstraße und dieser bis zum Sportplatz folgen.
ÖPNV Bus 223 (Forchheim – Gräfenberg)
Parkmöglichkeit Am Sportplatz Leutenbach
Einkehrmöglichkeit Brauerei-Gasthof Drummer, Dorfstr. 10, Leutenbach, Tel. 09199/403, **www.brauerei-gasthof-drummer.de**
Sonstige Info, Besonderes am Wegesrand
Häufig kann man startenden Gleitschirmfliegern am Walberla zusehen.

Zusammen mit dem Rodenstein bildet das Walberla die Ehrenbürg, ein sehr beliebtes Ausflugsziel in der Fränkischen Schweiz. Der sonnige Gipfel ist leicht zu erreichen und Kinder können auf dem Plateau super Drachen steigen lassen.

91359 Leutenbach, Ehrenbürgstraße

Die Tour startet in der Ehrenbürgstraße und führt nach links am gleichnamigen Bach entlang, bevor wiederum links ein Weg abzweigt, der zum Walberla führt. Anfangs als Teerweg geht es an Wiesen und Kirschbäumen vorbei bevor der Weg in den Wald führt. Im Wald immer auf dem Hauptweg bleiben und der Beschilderung „Rundwanderweg Walberla“ folgen. Am

Wegesrand werden ein paar Felsen passiert, an denen Kinder klettern können, bevor der Weg nach links wieder aus dem Wald führt. Über einen Wiesenpfad führt die Wanderung nun auf den Gipfel des Walberla. Hier bietet sich eine Rast und Spielpause an, bei der die Aussicht auf den Rodenstein und die umliegende Landschaft bewundert werden kann. Nun geht es an der Kapelle St. Walpurgis vorbei auf die andere Seite des Berges mit Blick auf Wiesentau und das Wiesental. Mit kleineren Kindern ist hier etwas Vorsicht geboten, da an den Felsen Absturzgefahr besteht. Von den Felsen führt der Weg abwärts Richtung Rodenstein und steigt nach der Abzweigung zum Wanderparkplatz bei Schlaifhausen wieder an. Hier gerade weiter gehen bis der Gipfel des Rodensteins erreicht ist. Der letzte Abschnitt enthält Treppenstufen und auf dem breiten Geländer aus Baumstämmen können Kinder balancieren. Oben am Gipfelkreuz angekommen, zeigt sich das Walberla aus einer sehr interessanten Perspektive und man er-

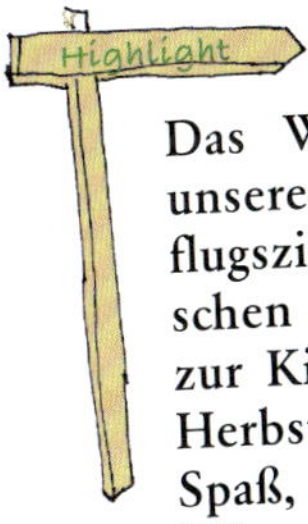

Das Walberla zählt zu unseren Lieblingsausflugszielen in der Fränkischen Schweiz! Gerade zur Kirschblüte oder im Herbst macht es einfach Spaß, auf dem Berg in der Wiese liegen, Brotzeit machen und Sonne tanken.

kennt deutlich, dass es sich um einen Tafelberg handelt. Auf einem holprigen Weg geht es wieder abwärts, bis links ein Weg in den Wald abzweigt. Dieser verläuft in einer langgezogenen Linkskurve auf den Ausgangsweg zu. Dort rechts halten und das letzte Stück auf dem Hinweg zurückwandern.

Auf dem Promenadenweg durchs Ahorntal 12

Der Promenadenweg zählt zu einer der schönsten Wanderungen in der Fränkischen Schweiz! Die Tour ist sehr abwechslungsreich und bietet neben der Sophienhöhle mit dem Schneiderloch und der Ludwigshöhle auch frei zugängliche Höhlen.

95491 Ahorntal,
Rabenstein 33

Die Wanderung startet an der Burg Rabenstein und folgt der Beschilderung „Promenadenweg“, der mit einer Königsfigur gekennzeichnet ist. Vor der Burg zweigt rechts der Weg ab. Durch den Wald wird ein überhängender Felsen erreicht, an dem es links nach Neumühle ins Tal geht. Unten stößt der Weg auf einen Parkplatz, an diesem rechts halten (nicht Richtung Neumühle!) und am Ende die Straße queren. Nach der Brücke über den Ailsbach steigt der Weg mit mehreren Kurven an. Im folgenden Abschnitt bietet sich ein sehr schöner Ausblick auf die Burg Raben-

5 km 210 2 Std.

Start: Burg Rabenstein
Für welches Wetter geeignet?
Trockenes Wetter
Wie viel Schatten? komplett im Schatten
Geeignet für Kinderwagen? Nein. Kindertrage: Ja (außer in den niedrigeren Höhlen)
Geeignet für Laufrad / Kinderfahrrad? Nein
Steigungen Der Weg verläuft in einem ständigen Auf und Ab mit einigen Treppen.
Wegbeschaffenheit
Meist auf schmalen Waldwegen mit Wurzeln.
Spielmöglichkeiten Wald, Felsen zum Klettern, Höhlen zum Erkunden
Geeignet ab Jahren ab 4 Jahren
Anfahrtsbeschreibung B470 bis Behringersmühle, dort Richtung Oberailsfeld. Im Ort links abbiegen, gerade durch diesen fahren und nach Oberailsfeld an der nächsten Kreuzung rechts fahren bis links der Parkplatz der Burg Rabenstein erreicht wird. A70 bis zur Ausfahrt Stadelhofen, weiter nach Hollfeld und dort links auf die B22 Richtung Bayreuth und anschließend rechts Richtung Plankenfels abbiegen. Nach dem Ort rechts Richtung Waischenfeld fahren. In Waischenfeld links abbiegen, die Wiesent passieren und anschließend scharf rechts der Straße folgen. Auf der Straße „Vorstadt“ bleiben und nach Langenloh rechts fahren bis links der Parkplatz erreicht wird.
ÖPNV VGN Freizeitlinie 343 (Neuhaus – Waischenfels)
Parkmöglichkeit Kostenlose Parkplätze an der Burg Rabenstein
Einkehrmöglichkeit Gutsschenke der Burg Rabenstein, Tel. 09202/9700440, April – Ende Oktober.
Gasthof Pension Neumühle, Neumühle 31, 95491 Ahorntal, Tel. 9202/228, **www.gasthof-pension-neumuehle.de**
Sonstige Info, Besonderes am Wegesrand
Taschenlampen mitnehmen! Die Burg Rabenstein mit der Falknerei lassen sich besichtigen. Führungen in der Sophienhöhle finden von April bis Ende Oktober statt. Infos: **www.burg-rabenstein.de**

stein. Immer der Beschilderung zum Schneiderloch folgend wird dieses nach knapp 1 km erreicht. Hier lohnt eine Pause, um die Höhle zu erkunden, zumal es kleinere Öffnungen gibt, durch die Kinder klettern können. In einem ständigen Auf und Ab wandert man auf dem Promenadenweg Richtung Ludwigshöhle und sieht viele eindrucksvolle Felsen und Höhlen, die erkundet werden wollen. Weiter zur Ludwigshöhle führt die Wanderung wieder etwas bergab und nach mehreren beschilderten Linkskurven wird der Seiteneingang der Ludwigshöhle erreicht. Schon hier versetzt die Höhle die Wanderer in Staunen in Anbetracht der Ausmaße. Nach einer ausgiebigen Pause geht es durch die große Öffnung über Treppenstufen ins Tal und der Ailsbach wird erneut überquert. Mit etwas Glück können hier Flusskrebse im Wasser beobachtet werden. Über den Parkplatz geht es auf die andere Straßenseite und Treppenstufen führen zur Sophienhöhle. Etwas bergauf führt die Wanderung noch, vorbei am Aussichtspunkt „Parasol", von dem sich das Tal gut überblicken lässt. Der Weg führt nun geradewegs wieder zurück zum Parkplatz an der Burg Rabenstein, wobei sich ein alternativer Weg lohnt. Dazu vor der Falknerei links gehen und auf einem etwas verwunschenem Weg zurück zur Burg wandern.

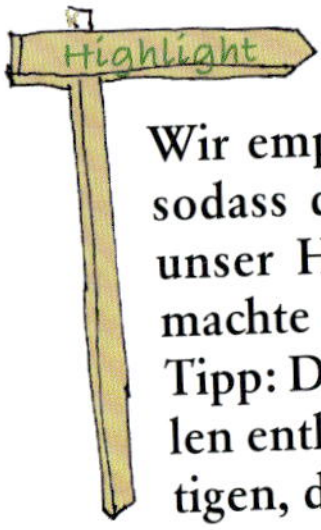

Wir empfehlen, die Tour gegen den Uhrzeigersinn zu gehen, sodass die Ludwigshöhle gegen Ende erreicht wird, da dies unser Highlight der Tour war! Die Höhle ist riesig und es machte den Kindern Spaß, diese zu erkunden.
Tipp: Die Tour ist sehr abwechslungsreich und bietet viele Höhlen entlang des Weges. Evtl. die Sophienhöhle getrennt besichtigen, damit es nicht zu viel für die Kinder wird.

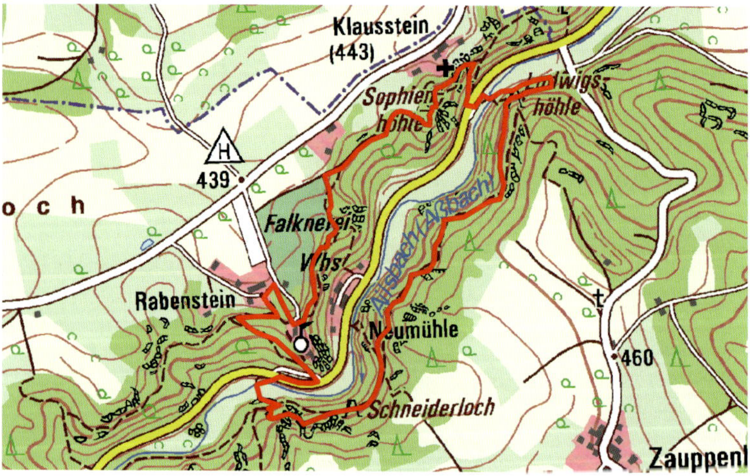

13 Mit der Dampflok durchs Wiesenttal

4 km / 2 Std.

Mit dem Zug:
16 km / 1 Std. Hinfahrt
45 min. Rückfahrt

Start: Bahnhof Ebermannstadt
Für welches Wetter geeignet?
Sonniges, trockenes Wetter.
Wie viel Schatten? Nachmittags ist die Wanderung im Schatten.
Geeignet für Kinderwagen? Ja (Treppenstufen an den Brücken in Behringers- und Stempfermühle).
Geeignet für Laufrad / Kinderfahrrad? Ja
Steigungen Keine
Spielmöglichkeiten Wald, Bademöglichkeiten an der Sachsenmühle, Bootsfahrt auf der Wiesent
Geeignet ab Jahren 0 Jahre
Anfahrtsbeschreibung B470 Forchheim – Pottenstein bis Ebermannstadt. An der Ampel Richtung Pretzfeld/Egloffstein fahren und der Bahnhofstraße über die Wiesent folgen, weiter bis zum Bahnhof und dort links auf den Bahnhofsplatz.
ÖPNV Regelmäßige Zugverbindungen von Forchheim
Parkmöglichkeit Am Bahnhof Ebermannstadt
Einkehrmöglichkeit Gasthof Stempfermühle, Behringersmühle 19, 91327 Gößweinstein, Tel. 09242/1658, **www.stempfermuehle.de**
Biergarten Sachsenmühle, Sachsenmühle 1, 91327 Gößweinstein, Tel. 09242/740660
Sonstige Info, Besonderes am Wegesrand
Dampfbahn Fränkische Schweiz, Betriebstage: Mai bis Ende Oktober (Sonn- und Feiertage), je drei Fahrten in beide Richtungen. Reservierung im Vorfeld möglich. Infos zu Preisen, Zeiten und Betriebstagen unter: **www.dfs.ebermannstadt.de**
Im Dezember finden Nikolausfahrten statt! Frühzeitige Reservierung ist nötig. Zwischen Juni und August können auf der Püttlach bei Behringersmühle Blütenteppiche bewundert werden. Dabei handelt es sich um den Hahnenfuß. Von der Stempfermühle führt ein schöner, aber anstrengender Felsensteig mit vielen Treppenstufen nach Gößweinstein (viele Höhenmeter). Oben angekommen, liegt gleich die Burg Gößweinstein. Die Rückfahrzeiten der Bahn sollten im Blick behalten werden!

Es ist laut, stinkt und raucht – aber absolut zu empfehlen! Eine Fahrt mit der Museumsbahn Fränkische Schweiz durch das Wiesenttal ist ein besonderer Ausflug, sowohl für Kinder als auch für Erwachsene. Von Ebermannstadt fährt die Bahn auf einer eingleisigen Strecke an der Ruine Neideck, vielen Felswänden und Mühlen vorbei, bevor nach etwa 16 km und 45 Minuten Fahrzeit der Zielbahnhof Behringersmühle erreicht wird.

91320 Ebermannstadt, Bahnhofsplatz 1

Nach dem Verlassen des Bahnhofs fährt die Bahn ein kurzes Stück durch Ebermannstadt, bevor es in das weite Wiesenttal mit Wiesen und Feldern geht. Mehrmals wird der Fluss überquert, die Bahnhöfe Gasseldorf und kurz darauf Streitberg erreicht. In einer langgezogenen Rechtskurve fährt die Museumsbahn um die Ruine Neideck, die

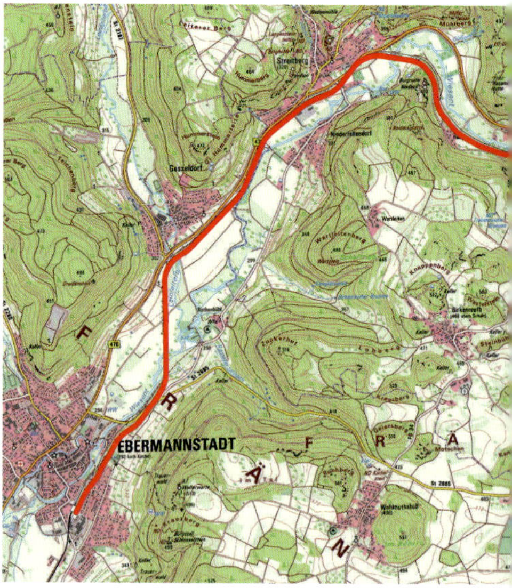

hoch über dem Tal thront. Schön langsam wird das Tal enger und die ersten größeren Felsen kommen ins Blickfeld. Weiter fährt die Bahn nach Muggendorf und Richtung Behringersmühle. Immer wieder lassen sich Kanufahrer auf der Wiesent beobachten. Zwischen der Sachsenmühle und der Stempfermühle wird die Wiesent über eine schöne, alte Metallbrücke überquert, bevor der Zielbahnhof Behringersmühle erreicht wird.

Die Wanderung startet am Bahnhof Behringersmühle und führt in den Ort, um auf die andere Uferseite zu gelangen. An der Straße verläuft ein Gehweg und diesem bis zur ersten Abzweigung folgen. Hier die Straße überqueren und für etwa 100 Meter an der Straße parallel zur Wiesent gehen, bevor es rechts in den Ort geht. Nun auf der Hauptstraße bleiben, durch den Ort gehen und kurz nach der Bäckerei rechts halten. Nach Überqueren einer Straße zweigt rechts die „Uferpromenade" ab, ein schmaler Weg, der zur Püttlach führt. Es geht unter der Bundesstraße durch und über eine Brücke auf die andere Seite der Püttlach, an der es bis zur Mündung in die Wiesent weitergeht. Über ein paar Treppenstufen wird der Wander- und Radweg durch das Wiesenttal erreicht. Diesem nun nach rechts folgen. Am Waldrand führt die Wanderung zur Sachsenmühle. Nach etwa 2 km wird die Stempfermühle erreicht und weiter führt der Weg an der Wiesent entlang. In der folgenden Rechtskurve taucht schon die lange, grüne Zugbrücke auf. Von hier an verläuft der Wander- und Radweg direkt an den Gleisen weiter bis zur Sachsenmühle. Besonders eindrucksvoll ist es, wenn auf diesem Abschnitt eine Dampflok vorbeifährt. An der Sachsenmühle lässt es sich noch schön einkehren und auf der Wiese spielen, bevor die Wanderung über die Straße weiter zum Bahnhof Gößweinstein führt. Von dort aus geht es nun mit der Museumsbahn wieder zurück nach Ebermannstadt.

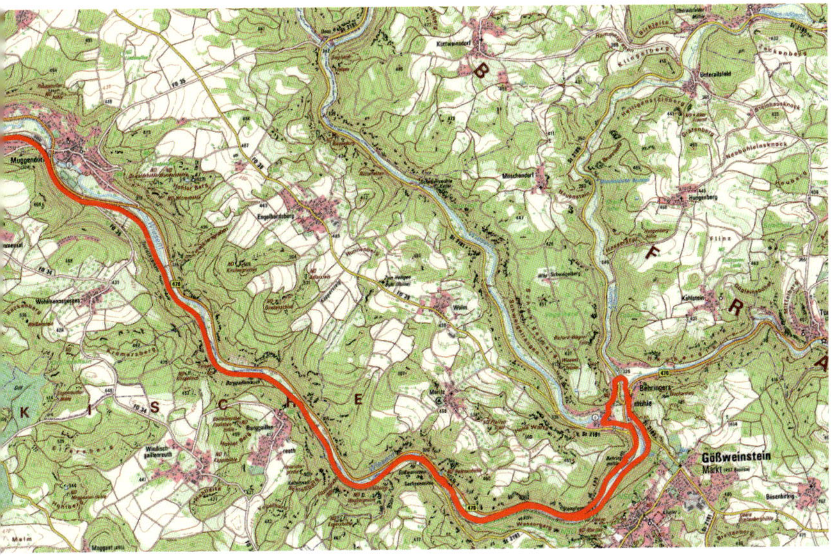

Highlight

Bei der Rückfahrt bietet sich ein sehr schöner Blick ins Wiesenttal und auf die Burgruine Neideck aus dem letzten Waggon. Es ist möglich, außen zu stehen. Dort ist es nicht zu windig und es lassen sich schöne Fotos machen.
Sollte es in Ebermannstadt eng werden, kann der Start der Tour auch in Streitberg, zwei Stationen weiter erfolgen. Parkmöglichkeiten sind direkt am Bahnhof vorhanden.

Zur Neideckgrotte und Burgruine Neideck

14

Eine abwechslungsreiche Wanderung zum Wahrzeichen der Fränkischen Schweiz – der Burgruine Neideck. Zusammen mit der Neideckgrotte ist das Gebiet ein perfekter Abenteuerspielplatz für kleine Entdecker und bietet eine tolle Aussicht über das Wiesenttal!

91346 Wiesenttal, Trainmeusel

Vom Ortsausgang in Trainmeusel ist die Wanderung zur Ruine Neideck mit einem senkrechten blauen Balken ausgeschildert. Anfangs verläuft die Tour sehr sonnig an Wiesen vorbei und es wird der Trainmeuseler Brunnen erreicht, die einzige Quelle auf der Hochfläche des Gemeindegebietes Wiesenttal. Als Forstweg führt die Tour nun weiter und nach wenigen Minuten geht es in den Wald, von einer Bank aus bieten sich schöne Ausblicke über das Wiesenttal. In einem leichten Auf und Ab wird linkerhand die Abzweigung zur Neideckgrotte erreicht. Hier lohnt ein Abstecher! Der Weg ist zwar etwas anstrengend und führt über Treppenstufen zu dem Höhlensystem, aber der Ausblick auf die Burgruine Neideck ist super und auch die Kleinen können die Höhlen erkunden. Nach einer Spiel- und Erkundungspause geht es wieder zurück auf den Weg zur Burgruine Neideck. Kurz darauf rechts halten und anschließend links wandern. Nach einer Linkskurve wird die Burgruine betreten. Auf verschiedenen Schildern werden die einzelnen Burgbereiche erklärt. Über eine Holzbrücke geht es weiter zum Aussichtsturm, der betreten werden kann. Im Inneren der Burg lohnt sich eine ausgedehnte Pause zum Erkunden und Brotzeit machen. Der Rückweg erfolgt auf dem gleichen Weg wie der Hinweg.

6 km | 160 | 3 Std.

Start: Ortsausgang Trainmeusel Richtung Wartleiten

Für welches Wetter geeignet? Trockenes Wetter zu jeder Jahreszeit

Wie viel Schatten? ½ der Tour

Geeignet für Kinderwagen? Ja (geländegängiger Kinderwagen), Zugang zur Neideckgrotte nicht für Kinderwagen geeignet!

Geeignet für Laufrad / Kinderfahrrad? Nein

Steigungen Mäßige Steigungen; zur Neideckgrotte steiler Anstieg mit Treppenstufen

Wegbeschaffenheit Teer-, Forst- und Waldwege (Nach Regen kann der Weg matschig sein!)

Spielmöglichkeiten Wald, Felsen, Burggelände, Neideckgrotte, Trainmeuseler Brunnen

Geeignet ab Jahren ab 3 Jahren

Anfahrtsbeschreibung B470 Forchheim – Pottenstein bis Muggendorf. Im Ort Richtung Naturparkzentrum abbiegen und weiter der Beschilderung Birkenreuth/Trainmeusel folgen. An der Kreuzung in Trainmeusel rechts fahren und am Ortsende rechts in eine kleine Seitenstraße biegen.

ÖPNV Bus 234 (Ebermannstadt – Obertrubach), HS Trainmeusel

Parkmöglichkeit Am Straßenrand

Sonstige Info, Besonderes am Wegesrand Im Winter hängen sehr lange Eiszapfen von der Decke der Neideckgrotte. Besondere Vorsicht ist bei Tauwetter geboten, da die Eiszapfen beim Herunterfallen gefährlich werden können.

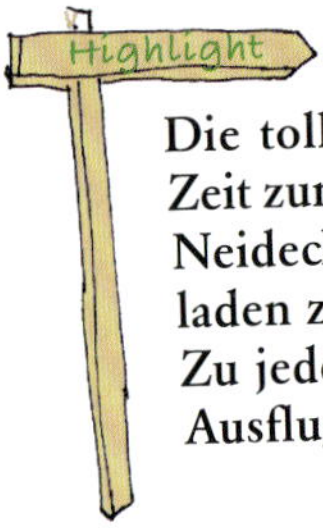

Die tolle Wanderung lässt den Kindern viel Zeit zum Spielen und Erkunden. Bänke an der Neideckgrotte und in der Burgruine Neideck laden zum Brotzeitmachen ein.
Zu jeder Jahreszeit ist die Neideck ein super Ausflugsziel in der Fränkischen Schweiz!

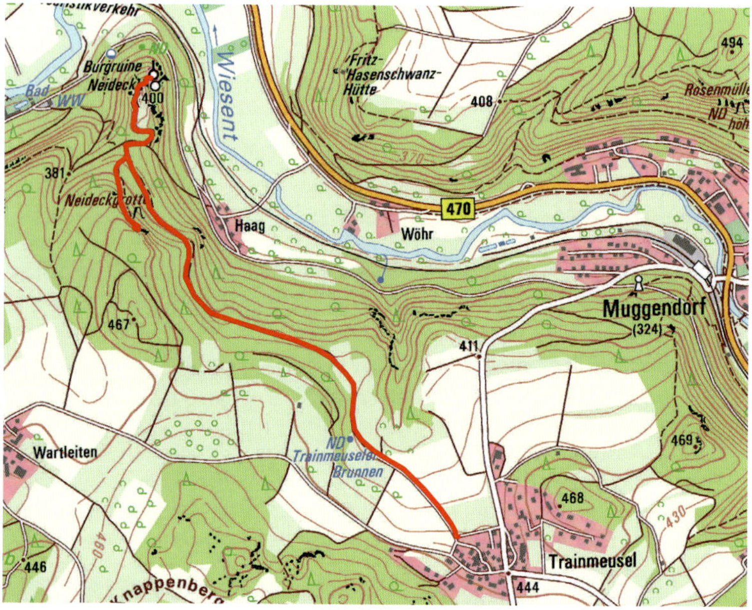

15 Zur Esperhöhle

2,7 km | 40 | 2 Std.

Start: Eingang zum Felsenlabyrinth
Für welches Wetter geeignet?
Nahezu jedes Wetter. Im Sommer ist es an den Höhlen kühler.
Wie viel Schatten? ½ der Tour im Schatten
Geeignet für Kinderwagen? Ja (geländegängiger Kinderwagen nötig), Im Wald Wurzeln über dem Weg. Rückweg enthält steileres Gefälle, evtl. Rückweg über den Hinweg.
Geeignet für Laufrad / Kinderfahrrad? Nein
Steigungen Mäßige Steigung vor der Höhle. Steileres, abschüssiges Wegstück auf dem Rückweg (gut laufbar für Kinder!)
Wegbeschaffenheit Im Wald schmalere Waldwege, sonst Schotterwege
Spielmöglichkeiten Wald, Felsen mit Klettermöglichkeiten, mehrere Höhlen
Geeignet ab Jahren 3 Jahre
Anfahrtsbeschreibung B470 Forchheim – Pottenstein bis Sachsenmühle. Dort Richtung Gößweinstein abbiegen und an der nächsten Möglichkeit rechts Richtung Leutzdorf fahren. Dieser Straße bis zum Ende folgen und rechts abbiegen. Parkplatz vor dem Ortseingang auf der rechten Seite
ÖPNV Bus 234 (Ebermannstadt – Obertrubach), HS Leutzdorf. Zudem eine etwa 1,8 km längere Route (einfach) machbar. VGN Freizeitlinie 389 bis Sachsenmühle. Von dort nach Leutzdorf wandern (steiler Anstieg!) und weiter auf der beschriebenen Tour.
Parkmöglichkeit Wanderparkplatz Leutzdorf
Einkehrmöglichkeit
Sachsenmühle, Sachsenmühle 1, 91327 Gößweinstein, Tel. 09242-740660, Mitte April – Ende September
Brückla Muggendorf, schöne Sitzplätze direkt an der Wiesent, Wiesentweg 18, 91346 Muggendorf, Tel. 09196/998100, www.brueckla.de
Sonstige Info, Besonderes am Wegesrand Besonders wichtig bei dieser Tour sind Taschenlampen! Vorsicht ist bei der Erkundung der Höhlen geboten. Diese sollten von Kindern nur in Begleitung von Erwachsenen betreten werden!

Bei der Wanderung zur Esperhöhle zeigt sich, wie aus einer kurzen Wanderung ein Halbtagesausflug werden kann. Die vielen Felsen an den Höhlen und die Höhlen selbst laden zum Spielen und Erkunden ein.

91327 Gößweinstein, Leutzdorf

Vom Wanderparkplatz an der Hauptstraße geht es in die Ortsmitte zu einem kleinen Weiher am Gerätehaus der Feuerwehr. Hier ist die Esperhöhle bereits ausgeschildert und der Weg ist mit einem senkrechten blauen Balken gekennzeichnet.

Am Weiher vorbei links halten und nach wenigen Häusern wird Leutzdorf verlassen. Nun führt die Wanderung auf einem Schotterweg anfangs an Wiesen vorbei, bevor der Wald erreicht wird. An der ersten Abzweigung links halten und dem etwas abschüssigen Weg folgen. Der Wegweiser ist an dieser Stelle etwas im Ge-

strüpp versteckt. Dem breiten Weg folgend verläuft die Wanderung bergab. Nach wenigen Minuten zweigt links ein schmaler Pfad in den Wald ab. Diesem beschilderten Weg folgen, es geht nun wieder etwas bergauf und nach einer langgezogenen Linkskurve werden die ersten Felsen passiert. Anfangs noch kleine Steine, werden diese aber schnell größer. Das letzte Wegstück zur Esperhöhle ist etwas holprig, da Wurzeln über den Weg verlaufen. Links zweigt nun ein Weg ab, der zu einem größeren Platz vor der Höhle führt. Es ist sehr beeindruckend, die Felsen und verschiedenen Höhleneingänge zu sehen. Nach einer Erkundungspause folgt eine Kletterpartie am Rand der Felsen zu weiteren Höhlen. Mit Kinderwagen geht es zurück auf den Weg und anschließend nach links bzw. auf dem gleichen Weg zurück nach Leutzdorf.

Im zweiten großen Felsenbereich sind nur Felsüberstände, die aber ideal für die Kinder zum Spielen sind. Nach einer erneuten Pause führt die Wanderung weiter nach links. Auf diesem Weg bis zur nächsten Abzweigung gehen. Hier links abbiegen und entlang der Rückseite der Höhlen geht es nun wieder zurück. Anfangs steigt der Weg noch etwas an, bevor es bergab geht. Nach Verlassen des Waldes folgt ein kurzes Stück auf einem Wiesenpfad, bevor der Schotterweg erreicht wird, der von Leutzdorf kam. Hier rechts halten und wieder auf dem ursprünglichen Weg zurückwandern.

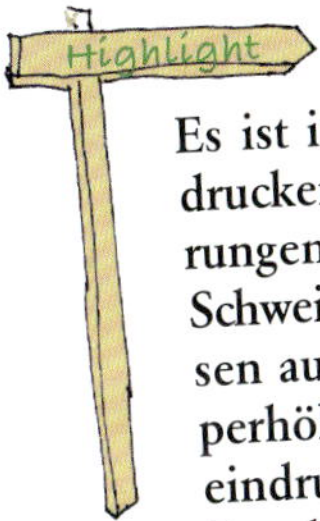

Es ist immer wieder beeindruckend, wie bei Wanderungen in der Fränkischen Schweiz plötzlich riesige Felsen auftauchen. An der Esperhöhle ist dies besonders eindrucksvoll! Ein wahres Paradies für Kinder.

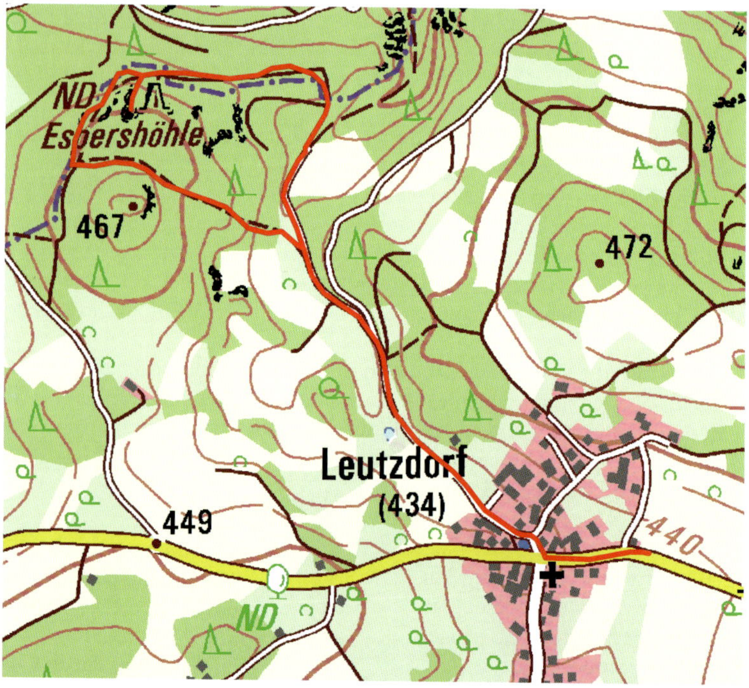
ND
Esbershöhle
467
472
Leutzdorf
(434)
449
440
ND

Auf die Friesener Warte

16

Hammer und Meißel einpacken und schon kann es losgehen. An der Friesener Warte können die Kleinen Entdecker nach Fossilien suchen und Steine klopfen. Mit etwas Glück können auch startende und landende Flugzeuge beobachtet werden.

96155 Buttenheim, Hochstall

Von Hochstall aus führt die Tour an Feldern entlang zum Fluggelände Friesen, das bereits am Ausgangspunkt ausgeschildert ist. Anfangs steigt der Weg mäßig an und zweigt nach knapp einem Kilometer nach rechts ab. Hier der Beschilderung „Panoramarundweg“ folgen und am Waldrand an den Gebäuden des Flugplatzes vorbeigehen. Der Weg geht nun in einen schmalen Wald- und Wiesenweg über und führt links an der Startpiste entlang. Am Ende rechts halten und Richtung Regnitztal wandern. Von hier bieten sich nun sehr schöne Ausblicke über das Tal bis nach Bamberg. Bei klarem Himmel ist sogar die Altenburg erkennbar. Entlang des Rückweges, der entweder etwas abgesenkt oder direkt an der Piste gewählt werden kann, können die Kinder an verschiedenen Stellen nach Fossilien klopfen. Am Ende der

4,2 km | 60 | 2 Std.

Start: Wanderparkplatz in Hochstall
Für welches Wetter geeignet? Trockenes Wetter
Wie viel Schatten? ¼ der Tour
Geeignet für Kinderwagen? Ja, geländegängige Kinderwagen
Geeignet für Laufrad / Kinderfahrrad? Nein
Steigungen kaum Steigungen
Wegbeschaffenheit Schotter- und Wiesenwege
Spielmöglichkeiten Wald, Steineklopfen an der Friesener Warte
Geeignet ab Jahren ab 3 Jahren
Anfahrtsbeschreibung A73 Ausfahrt Buttenheim, Richtung Ebermannstadt fahren bis Dreuschendorf. Links nach Gunzendorf und weiter durch Frankendorf fahren. In Tiefenhöchstadt links Richtung Kälberberg fahren. Am Ortseingang von Hochstall rechts parken.
ÖPNV Bus 980 (Bamberg – Tiefenhöchstadt), HS Hochstall. Lange Fahrzeit, daher evtl. von Friesen aus auf die Friesener Warte wandern (steiler Anstieg).
Parkmöglichkeit Wanderparkplatz in Hochstall
Sonstige Info, Besonderes am Wegesrand Hammer und Meißel mitnehmen! Da die Tour entlang der Startpiste sehr sonnig ist, unbedingt Sonnencreme einpacken. Entlang der Tour kann es auch sehr windig sein. Von Hochstall aus ist ein Abstecher zur knapp 1 km entfernten Almadlerhütte möglich. Dort gibt es verschiedenen Kletterfelsen. Die Hütte hat keine regelmäßigen Öffnungszeiten!

Piste rechts abbiegen und nach ein paar Metern gleich wieder rechts halten. Die Tour führt an einer Bank vorbei und stößt im Wald wieder auf den Ursprungsweg. Nun links halten und für den Rückweg denselben Weg wählen, auf dem der Hinweg erfolgte.

Highlight

Die vielen Stellen zum Steineklopfen sind wahre Highlights für die Kinder. Die Eltern können dabei die Aussicht auf das Regnitztal und die Sonne genießen.

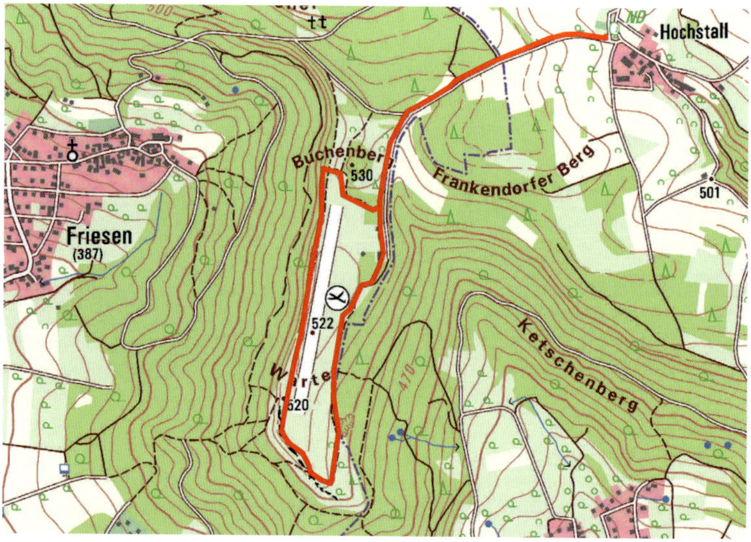

17 Durch das Leidingshofer Tal

4 km | 125 | 2 Std.

Start: Wanderparkplatz am Ortseingang von Veilbronn
Für welches Wetter geeignet? Trockenes Wetter, jede Jahreszeit
Wie viel Schatten? ¾ der Tour
Geeignet für Kinderwagen? Nein (Kindertrage: ja)
Geeignet für Laufrad / Kinderfahrrad? Nein
Steigungen Von Veilbronn zum Pavillon eine längere Steigung mit knapp 100 Hm, danach nur noch der Anstieg über Treppen zum Naturfreundehaus
Wegbeschaffenheit Meist schmale Wald- und Wiesenwege
Spielmöglichkeiten Wald, Felsen, große Wiese an der Mathelbachquelle, Mathelbach
Geeignet ab Jahren 3 Jahre
Anfahrtsbeschreibung B470 Forchheim – Pottenstein bis Gasseldorf. Hier ins ausgeschilderte Leinleitertal biegen und bis zur Abzweigung Veilbronn und weiter in den Ort fahren.
ÖPNV Bus 221 und 975 (Ebermannstadt – Heiligenstadt)
Parkmöglichkeit Wanderparkplatz am Ortseingang von Veilbronn
Einkehrmöglichkeit Naturfreundehaus Veilbronn, einzigartige Aussicht über das Leinleitertal. Veilbronn 17, 91332 Heiligenstadt i.OFr., **https://naturfreundehaus-veilbronn.de**
Für eine Brotzeit eignen sich der Pavillon hoch über dem Tal und eine Hütte nahe der Mathelbachquellle.
Sonstige Info, Besonderes am Wegesrand
Schilder entlang des Weges erklären die verschiedenen Baumarten.

Die Wanderung kann ideal mit einer Radtour durch das Leinleitertal kombiniert werden.

Eine sehr abwechslungsreiche Wanderung durch das enge und verwunschene Leidingshofer Tal mit tollen Spielmöglichkeiten am Mathelbach und den Felsen. Zudem bieten sich tolle Ausblicke ins Leinleitertal.

91332 Heiligenstadt i.OFr., Veilbronn

Die Tour startet am Wanderparkplatz am Ortseingang von Veilbronn, der direkt am Radweg durch das Leinleitertal liegt. Von dort in den Ort gehen und rechts Richtung Störnhof (Straßenschild) halten. Es geht an der Straße bis zum Ortsausgang entlang etwas bergauf, bevor links der Frankenweg mit dem Wandersymbol „roter Kreis" ins

Leidingshofer Tal abzweigt. Von hier aus bieten sich schon erste schöne Ausblicke auf das Naturfreundehaus, das hoch über dem Ort auf Felsen steht. Auf einem Feldweg geht es weiter bis zur Weggabelung. Hier nach rechts gehen und dem roten Ring folgen. Nun kommt der anstrengende Teil der Wanderung – es geht auf einem schmalen Waldpfad bergauf. Oben angekommen links halten und weiterhin dem roten Ring folgen. Nach einem kurzen Wegstück zweigt links ein Weg zum Pavillon ab. Der kurze Abstecher lohnt sich, da es einen super Ausblick auf das Leinleitertal gibt. Wieder zurück auf dem Weg führt die Wanderung am Waldrand entlang und stößt nach einer Rechtskurve auf einen anderen Wanderweg. Hier scharf links gehen und nun der Beschilderung gelbes Dreieck und roter Ring bzw. Frankenweg ins Leidingshofer Tal folgen. Vorbei an einer Bank mit Tisch und ein paar Felsen geht es nun wieder bergab und entlang des Weges werden die verschiedenen Baumarten erklärt. Im Tal links halten und den schmalen Pfad zwischen den Felsen wählen, der nun direkt zur Mathelbachquelle führt. An der Quelle wird das Tal breiter und es bietet sich an, hier eine ausgiebige Spiel- und Brotzeitpause einzulegen. Über die Wiese geht die Wanderung weiter, links an einer Hütte vorbei, die vor einer eindrucksvollen Felswand steht. Etwas abseits des wieder schmaler werdenden Weges wird der hydraulische Widder erreicht, der zur Wasserversorgung eingesetzt wurde. Es geht um einen Fels herum und der Weg wird wieder breiter. Links zweigt ein mit einem roten Kreis gekennzeichneter Pfad zum Bach ab und führt über zwei kleine Holzbrücken auf die andere Bachseite, an der nun die Wanderung weitergeht. Nach Verlassen des Waldes stößt der Pfad auf die Weggabelung, an der anfangs bergauf ging. Der Rückweg erfolgt nun auf demselben Weg, wie der Hinweg.

In Veilbronn lohnt sich nun ein Abstecher zum Naturfreundehaus. Am Brunnen nach rechts gehen und weiter der Straße entlang folgen bis links

Highlight

Bei einer Wanderung durch das Leidingshofer Tal fühlt man sich in eine andere Welt versetzt – es geht auf schmalen Pfaden am Bach entlang, unter bemoosten Bäumen durch und immer nah am Fels vorbei. Es ist ein Traum für Kinder!

ein beschilderter Weg abzweigt. Über Treppenstufen geht es an der Veilbronner Wand entlang, an der Kletterer beobachtet werden können. Oben angelangt wird man für die Anstrengung belohnt – es gibt eine tolle Aussicht und Kaffee und Kuchen.

Auf dem Sagenpfad um die Ruine Lichtenstein

18

Eine kurze und sehr abwechslungsreiche Tour! Nach einer Erkundung der Burg führt ein Sagenpfad zum Felsenlabyrinth, dem Teufelsfelsen und dem Walfischfelsen. Für die Kinder bieten sich dabei viele Kletter- und Spielmöglichkeiten.

96176 Pfarrweisach;
Lichtenstein 14

Der ausgeschilderte Sagenpfad zweigt rechts von der Zufahrtsstraße zur Burg Lichtenstein ab und führt anfangs ein kurzes Stück als Teerweg bergab, bevor es nach einer Linkskurve auf einem schmalen Pfad weitergeht. Unterhalb der Burg führt

2,5 km | 80 | 1,5 Std.

Start: an der Burgruine Lichtenstein

Für welches Wetter geeignet? Trockenes und sonniges Wetter (bei Nässe rutschig)

Wie viel Schatten? ¾ der Wegstrecke im Schatten (Wald)

Geeignet für Kinderwagen? Nein (Kindertrage: Ja)

Geeignet für Laufrad / Kinderfahrrad? Nein

Steigungen ständiges Auf- und Ab

Wegbeschaffenheit Wanderweg durch den Wald, zum Teufelsstein Forstweg

Spielmöglichkeiten
Klettermöglichkeiten an den Felsen, kleiner Wasserlauf an der Pferdeschwemme, Höhlen in der Burg und am Sagenpfad, Erkunden der Burg, Wald, vielfältige Spielmöglichkeiten im Felsenlabyrinth

Geeignet ab Jahren 3 Jahre

Anfahrtsbeschreibung B279 (Ebern – Maroldsweisach), an der Abzweigung Lichtenstein B279 verlassen und nach Lichtenstein fahren. Ort und Burg sind ausgeschildert

ÖPNV Nein

Parkmöglichkeit Im Ort gibt es ausgeschilderte Wanderparkplätze: Am Ortsende links bzw. am Friedhof (jeweils ca. 300 Meter zur Burgruine)

Einkehrmöglichkeit
Keine Einkehrmöglichkeiten in Lichtenstein

Sonstige Info, Besonderes am Wegesrand
Burgruine täglich geöffnet – freier Eintritt

die Wanderung an der Tränenfelsenhöhle vorbei, die betreten werden kann und an Bänken, die zu einer kurzen Rast einladen. Weiter verläuft der Sagenpfad zur Schneidershöhle, dem Gerichtsstein und zur Pferdeschwemme. Auf Tafeln werden die einzelnen Stationen erklärt. Etwas mehr Zeit sollte am Felsenlabyrinth und der Pferdeschwemme eingeplant werden, da es dort ideale Kletter- und Spielmöglichkeiten gibt!

Nun wird der Magnetfelsen passiert, nach dem der Weg eine Rechtskurve macht. Hier ist der Teufelsfelsen ausgeschildert, zu dem die Wanderung nun führt. Links zweigt der Weg ab und führt auf einem Forstweg direkt zum Teufelsfelsen, der wenige Meter abseits des Weges liegt. Der Felsen kann bestiegen und umrundet werden. Der Rückweg zum Sagenpfad verläuft auf dem gleichen Weg. Vom Forstweg zweigt zweimal rechts der Weg ab und führt zum ausgeschilderten Walfischfelsen. Vorbei an Felsen geht die Wanderung nun wieder zur Schneidershöhle und von dort zurück zum Ausgangspunkt.

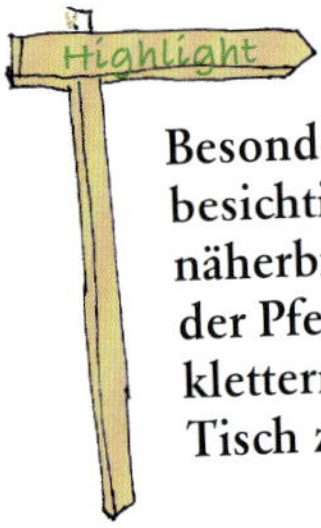

Besonders gut hat uns gefallen, dass die Burgruine kostenlos besichtigt werden kann und viele Hinweistafeln das Burgleben näherbringen. Entlang des Weges empfehlen wir eine Pause an der Pferdeschwemme – die Kinder können dort spielen, etwas klettern und im Wasser plantschen. Zudem lädt eine Bank mit Tisch zu einem Picknick ein.

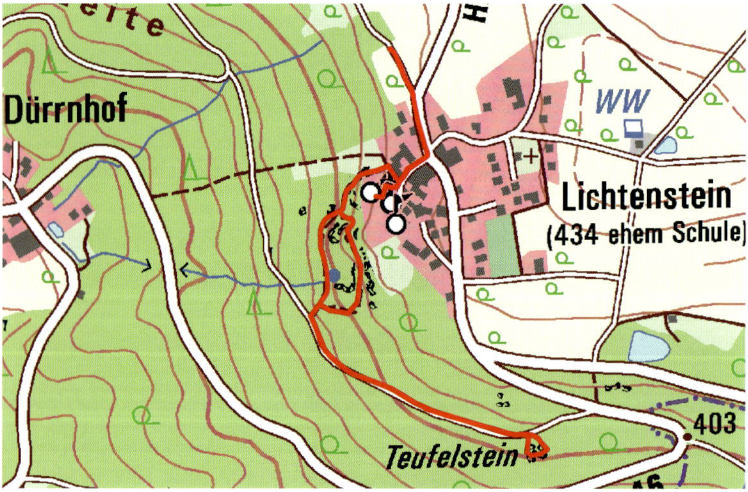

19 Landschaftsgarten & Schloss Bettenburg

3 km | 30 | 2 Std. | ●

Start: Parkplatz am Landschaftsgarten
Für welches Wetter geeignet? Trockenes Wetter, jede Jahreszeit
Wie viel Schatten? ¾ der Tour
Geeignet für Kinderwagen? Geländegängiger Kinderwagen (Treppenstufen)
Geeignet für Laufrad / Kinderfahrrad? Nein
Steigungen Mäßige Steigungen (zwischen Landschaftsgarten und Schloss)
Wegbeschaffenheit Forst- und Waldwege, Teerstraße
Spielmöglichkeiten Der Landschaftsgarten ist ein einziger Abenteuerspielplatz!
Geeignet ab Jahren Jedes Alter
Anfahrtsbeschreibung B303 (Coburg – Schonungen) bis zur Ausfahrt Hofheim i. UFr. und weiter in den Ort fahren. Dort rechts abbiegen und weiter Richtung Manau. In Hofheim anschließend in die Manauer Str. biegen, der Straße bis zur Einfahrt des Parkplatzes des Landschaftsgartens folgen.
ÖPNV Nein
Parkmöglichkeit Parkplatz am Landschaftsgarten, etwas abseits der Straße
Einkehrmöglichkeit Landgasthof Burgblick, Manauer Str. 4, 97461 Hofheim i. UFr., Tel. 09523/450, **www.landgasthof-burgblick.de**
Weitere Einkehrmöglichkeiten in Hofheim
Sonstige Info, Besonderes am Wegesrand Der Landschaftsgarten gehört zum Schloss Bettenburg und kann jederzeit besichtigt werden. Das Schloss ist nur nach Vereinbarung zugänglich.

Der Landschaftsgarten Bettenburg wurde 1789 von Freiherr Christian Truchsess von Wetzhausen in Auftrag gegeben. Die Besucher erwartet eine kurze und abwechslungsreiche Wanderung auf verwunschenen Wegen durch einen schönen Buchenwald mit vielen Spielmöglichkeiten.

97461 Hofheim in Unterfranken; Manau

Vom Parkplatz aus führt ein Forstweg durch den Wald. An der ersten Abzweigung nach links gehen, vorbei an einer Hinweistafel, auf der der Landschaftsgarten aufgezeichnet ist. Im Park weisen viele Wegweiser den Weg. Als erstes wird die To-

tenkapelle, eine kleine gelbe Kapelle erreicht. Es geht weiter, erst etwas links, danach scharf rechts weiter zur Wegsäule. Nach dieser führt die Wanderung weiter zum Ulrich von Hutten Denkmal und zum Minnesängerplatz. Nach einer Linkskurve wird ein Weg überquert und weiter geht es nach rechts zur künstlich geschaffenen Burgruine, die umrundet wird. Für ein kurzes Stück geht es wieder auf dem Hinweg zurück, bevor die Tour nach rechts abzweigt und anschließend wieder rechts weiterführt. Über ein paar niedrige Treppenstufen wird eine Senke erreicht an deren Ende es über Treppenstufen wieder aufwärts geht. An der Abzweigung rechts Richtung Straße gehen und diese überqueren. An einem kleinen See vorbei geht es weiter durch den Wald bis zur nächsten Abzweigung. An dieser rechts gehen bis das Schloss Bettenburg erreicht wird. Vor diesem links halten, zur Straße weiter und diese überqueren. Nach wenigen Minuten links halten und vom Schloss wieder weggehen, vorbei am Campingplatz und in einer langgezogenen

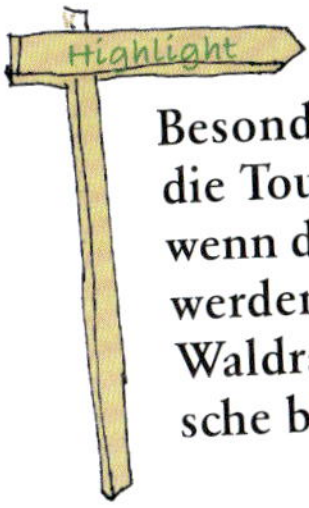

Besonders schön ist die Tour im Frühjahr, wenn die Bäume grün werden und am Waldrand viele Büsche blühen.

Kurve weiter zur Straße. Dieser nun folgen, bis links ein Weg zwischen den Feldern abzweigt, der zur Hauptstraße zurückführt. An dieser links gehen und für etwa 200 Meter der Straße folgen, bevor rechts die Zufahrt zum Parkplatz abzweigt und der Ausgangspunkt der Wanderung erreicht wird.

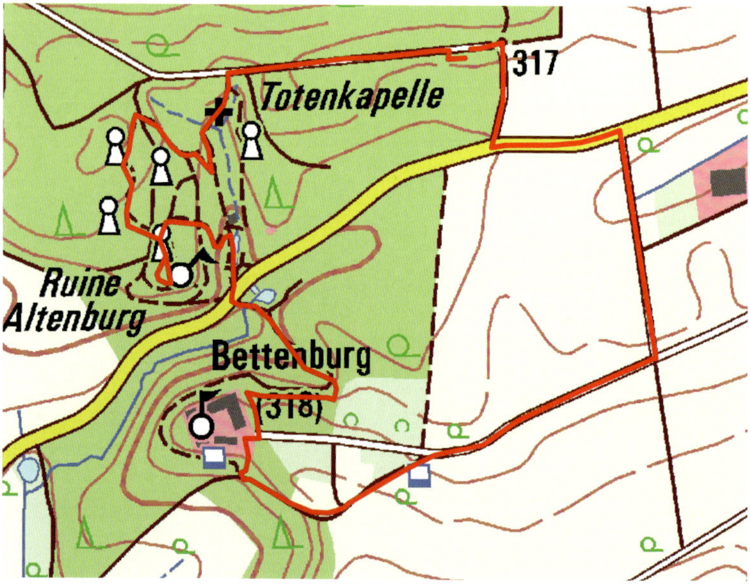

Mit der Mainschleifenbahn nach Volkach

20

Eine schöne Kombination aus Nostalgie-Zugfahrt mit dem Schienenbus und einer aussichtsreichen Wanderung durch die Weinberge an der Volkacher Mainschleife.

97279 Seligenstadt b. Würzburg/
97332 Volkach, Am Bahnhof

Ganz entspannt startet die Tour mit einer etwa 25-minütigen Fahrt in einem nostalgischen Schienenbus aus dem Jahr 1960. Über Felder geht es vorbei an Prosselsheim bevor die Fahrt zwischen Main und Mainschleife nach Volkach-Astheim weitergeht. Die Wanderung startet direkt am Bahnhof und führt auf die gegenüberliegende Straßenseite zur Mainstraße. Dieser bis zur Abzweigung der Kirchstraße folgen und hier rechts gehen. Die Wanderung führt an den Kirchen St. Johannes und Pons-Mariae-Kartause vorbei und mündet in die Kartäuserstraße. Hier rechts halten und der Straße folgen bis der Ort verlassen wird. Auf einem Radweg geht es an Weinbergen entlang hoch zur Vogelsburg. Entlang des Weges bieten sich immer wieder schöne Ausblicke auf die umliegende Landschaft. Der Radweg führt über den Parkplatz direkt zur Vogelsburg, an der sich eine Rast lohnt! Von der Terrasse aus führt die Tour nun über Treppenstufen bergab, mündet auf einen Querweg, der aber nach ein paar Metern wieder verlassen wird. Weiter geht es über den Vogelsburger Bergweg ins Tal nach Escherndorf. Am Ende der Treppenstufen die Straße überqueren auf der gegenüberliegenden Seite links Richtung Main gehen. An der nächsten Möglichkeit wieder links halten und bis zur Straße An der Güß gehen, die Nordheim und Escherndorf per Fähre verbindet. Hier rechts ins Ortszen-

5 km	250	2,5 Std.	●

Mit dem Zug:
10 km (einfach) 0,5 Std. (einfach)

Start: Bahnhof der Mainschleifenbahn in Seligenstadt (dieser liegt etwas abseits des Regionalbahnhofs!)
Für welches Wetter geeignet? Trockenes Wetter, jede Jahreszeit
Wie viel Schatten? Kein Schatten
Geeignet für Kinderwagen? Nein
Geeignet für Laufrad / Kinderfahrrad? Nein
Steigungen mehrere Steigungen, teilweise Treppen
Wegbeschaffenheit Teer und Beton
Spielmöglichkeiten Spielplatz und Badestrand an der Mainfähre in Nordheim, Spielplatz in Escherndorf
Geeignet ab Jahren ab 3 Jahren
Anfahrtsbeschreibung A7 Ausfahrt Würzburg/Estenfeld und weiter auf der B19 Richtung Werneck. An der ersten Ausfahrt Richtung Kürnach und Seligenstadt fahren und dort rechts zum Bahnhof abbiegen.
ÖPNV DB Regionalverkehr (Würzburg – Bamberg)
Parkmöglichkeit Direkt am Bahnhof
Einkehrmöglichkeit Restaurant Vogelsburg, Vogelsburg 1, 97332 Volkach, Tel. 09381/7108970, **www.vogelsburg-volkach.de**
Biergarten an der Mainschleife, Mainfähre Kaltenhausen-Fahr 1, 97247 Eisenheim, Tel. 09386/903258, **https://biergarten-kaltenhausen.business.site/**
Diverse Einkehrmöglichkeiten in Volkach bzw. den umliegenden Weindörfern
Sonstige Info, Besonderes am Wegesrand
Die Anfahrt mit der Mainschleifenbahn ist zwischen Anfang Mai und Ende Oktober möglich! An Sonn- und Feiertagen (im Herbst auch Samstags) verkehrt die Bahn mehrmals täglich. Fahrplan und Preise unter: **www.mainschleifenbahn.de**
Bei einer Wanderung ohne Fahrt mit dem Schienenbus empfiehlt sich eine Wanderung von Volkach-Astheim aus zur Vogelsburg und dort auf dem Hügel zu bleiben (nicht in den Ort Escherndorf) und weiter Richtung Bahnhof Escherndorf/Vogelsburg. Von da führt ein Naturlehrpfad nach Kaltenhausen und ein naturbelassener Dschungelpfad direkt am Main zurück nach Volkach. Diese Tour ist etwa 11 km.

trum gehen und die Astheimer Straße überqueren. Nach der Kirche zweigt links ein Weg zur Lourdes Hochzeitskapelle ab. Diesem folgen, an der Kappel vorbeigehen und für ein kurzes Stück nochmals zurück auf die Straße, bevor rechts ein Weg in den Weinberg führt. Den Treppenstufen folgen und kurz darauf links auf einen Fahrweg abbiegen. Diesem bis zum Ende folgen und weiter nach rechts, anschließend gleich wieder links und gerade bis zur Straßenkreuzung. Hier die Straßenseite wechseln und weiter zum Bahnhof Escherndorf-Vogelsburg gehen. Von hier aus erfolgt die Rückfahrt mit dem Schienenbus nach Seligenstadt.

Im Dezember bietet die Mainschleifenbahn Nikolausfahrten an, bei denen der Nikolaus im Schienenbus mitfährt und mit den Fahrgästen singt und Gedichte vorträgt. Für die Kinder gibt es eine kleine Nikolausüberraschung. Wichtig: Die Fahrten sind schnell ausgebucht und sollten frühzeitig gebucht werden!

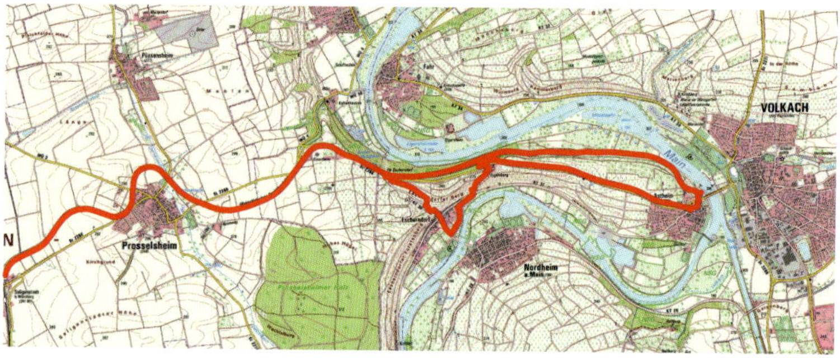

21 Um den Ellertshäuser See

4,5 km | 15 | 2 Std. | ●

Start: An der Staumauer (Nordufer). Der Start ist auch an jedem anderen Punkt des Sees möglich.
Für welches Wetter geeignet? Trockenes Wetter, jede Jahreszeit
Wie viel Schatten? ½ des Weges im Schatten
Geeignet für Kinderwagen? Ja
Geeignet für Laufrad / Kinderfahrrad? Ja
Steigungen Keine Steigungen
Wegbeschaffenheit Schotterwege
Spielmöglichkeiten Spielplatz am Nordufer, Wald, See mit Bootsverleih
Geeignet ab Jahren Jedes Alter
Anfahrtsbeschreibung A70 bis Ausfahrt Schonungen, weiter auf die B303 Richtung Coburg. Diese bei Kreuzthal verlassen, nach Reichmannshausen und weiter nach Fuchsstadt fahren. Dort links zum Ellertshäuser See fahren.
ÖPNV Bus 8130 (von Schweinfurt), HS Fuchsstadt (mit Fußweg)
Parkmöglichkeit Parkplatz am Restaurant Seeblick, weitere Parkplätze um den See vorhanden.
Einkehrmöglichkeit
Restaurant Seeblick, Uferstraße 1, 97488 Stadtlauringen, Tel. 09724/9072088
Kiosk direkt am See (Nordstrand)
Sonstige Info, Besonderes am Wegesrand
Mehr Infos zum See und den verschiedenen Möglichkeiten unter: **www.ellertshaeuser-see.de**
In direkter Nähe zum Ausgangspunkt der Wanderung liegt der Kletterwald „Nordwärts". Infos dazu unter: **www.nordwaerts.info**
Am See ist ein Campingplatz angegliedert. Infos dazu unter: **www.camping-ellertshäuser-see.de**
Der Ellertshäuser See liegt an verschiedenen Radwegen, die nach Schweinfurt oder Haßfurt führen. Zudem verläuft durch die umliegenden Ortschaften eine etwa 19 km lange Seenrunde, die mit einem Sonnenschirm und Wasser symbolisiert wird. Mehr zu den Radtouren unter: **www.schweinfurter-oberland.de/radfahren_radwandern_216_kkmenue.html**

Eine gemütliche Wanderung um den 33 ha großen Ellertshäuser See, die zu jeder Jahreszeit passt. Im Sommer bietet sich zudem der Badespaß am See an, um einen schönen Tag zu verbringen.

97488 Stadtlauringen, Uferstraße 1

Vom Parkplatz zwischen Kletterwald und Restaurant Seeblick führt ein Verbindungsweg unter der Straße zum See. Die Tour verläuft anfangs auf der Nordseite des Sees und ist als „Ellertshäuser Seeweg" ausgeschildert.

Direkt am See verläuft der Wanderweg und führt zu Beginn an einem Kiosk, einem Beachvolleyball-Feld und einem

Spielplatz vorbei. Nach einer sonnigen Liegewiese geht es zwischen Bäumen entlang und verschiedene Tafeln erklären den Lebensraum Wald und Wasser mit ihren Bewohnern. Immer wieder laden Bänke und Liegen zum Verweilen ein. Weiter geht es um eine kleine Ausbuchtung des Sees, an der der Segelclub Ellertshäuser See angesiedelt ist. Direkt am Ufer führt nun ein etwas schmalerer Weg, der am „Oberen Damm“ auf die Südseite des Sees führt. In einer langgezogenen Rechtskurve geht es an einer Biotopbucht entlang, bevor der Weg wieder zum See zurückführt. Auf der Südseite verläuft meist ein schmaler Wanderweg direkt am See und ein breiter Schotterweg ein paar Meter davon entfernt. Diesem Weg bis zur Staumauer folgen und dort den See wieder überqueren und zum Ausgangspunkt wandern.

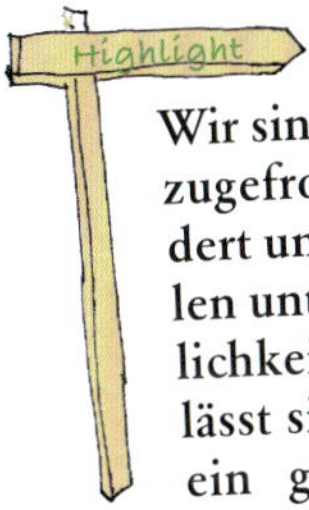

Wir sind im Winter um den zugefrorenen See gewandert und uns haben die vielen unterschiedlichen Möglichkeiten gefallen. Hier lässt sich im Sommer auch ein ganzes Wochenende verbringen!

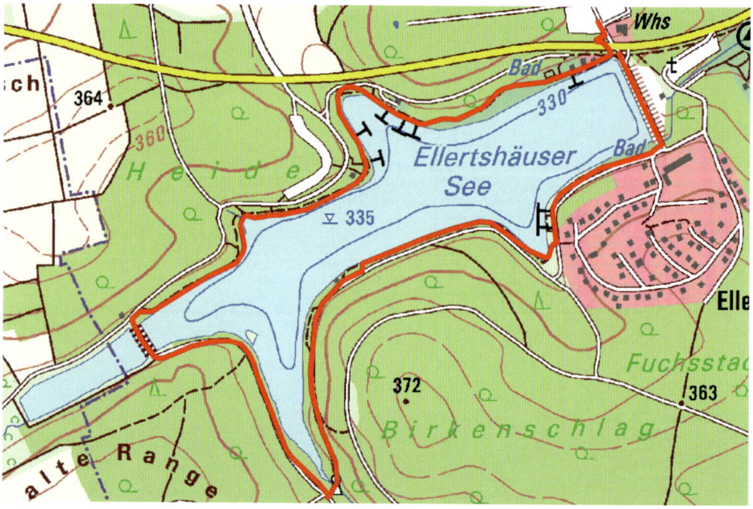
Whs
Bad
330
Ellertshäuser
See
Bad
335
364
360
Heide
372
363
Birkenschlag
Fuchsstac
alte Range
Elle

Maingezwitscher-Pfad

22

Eine gemütliche Tour zum Natur erkunden, Vögel beobachten und am Main spielen. Ideal für einen kurzen Nachmittagsausflug mit Einkehr.

96250 Ebensfeld / Unterbrunn

Der Maingezwitscher-Pfad startet am etwas erhöht gelegenen Pavillon, in dem sich Erklärungen zur Umgebung finden. Gleich daran anschließend befinden sich einige Tafeln, bei denen die Kinder selbst aktiv werden können. Der Weg führt am Main entlang bis zur nächsten Abzweigung. An dieser rechts halten und entlang der Felder zum Ortsrand von Unterbrunn wandern.

3 km / 2 Std.

Start: Pavillon an der Straße etwas außerhalb von Unterbrunn

Für welches Wetter geeignet? Trockenes Wetter

Wie viel Schatten?
Kein Schatten, sehr sonnige Tour

Geeignet für Kinderwagen? Ja

Geeignet für Laufrad / Kinderfahrrad? Ja

Steigungen Keine Steigungen

Wegbeschaffenheit Flurwege

Spielmöglichkeiten Mehrere flache Stellen am Main, Beobachtungsturm

Geeignet ab Jahren Jedes Alter

Anfahrtsbeschreibung A73 Ausfahrt Ebensfeld, Richtung Oberbrunn und dort links nach Unterbrunn fahren. Vor dem Ort befindet sich links ein erhöhter Pavillon. Parkmöglichkeit vorhanden.

ÖPNV Bus 1252 (vom Bahnhof Ebensfeld), HS Unterbrunn

Parkmöglichkeit Am Ausgangspunkt

Einkehrmöglichkeit
Wirtshaus Zum Wölf mit Biergarten und Spielplatz in Unterbrunn, Dorfstraße 21, 96250 Ebensfeld/Unterbrunn, Tel. 09547/446
www.zum-woelf.de

Sonstige Info, Besonderes am Wegesrand
Unsere Beschreibung weicht etwas vom Original Maingezwitscher-Pfad ab. Entlang der Tour warten 5 Stationen auf die Kinder, an denen Aufgaben zu lösen sind. Dazu gibt es ein Stempelbüchlein am Pavillon am Ausgangspunkt bzw. im Web unter:
www.flussparadies-franken.de/flussgesichter

Hier links abbiegen und gerade Richtung Main wandern. Nach wenigen Minuten wird der kleine Angersee erreicht. Links um den See gehen, vorbei an der Station Nr. 5 des Pfads und im weiteren Verlauf führt die Tour rechts zwischen See und Main entlang. Auf diesem Abschnitt wird ein sehr eindrucksvoller Baum passiert und am Main erwarten die Kinder einige sehr schöne Stellen zum Spielen und Plantschen. Je nach Lust kann auch hier etwas weiter nach Süden gegangen werden. Ansonsten geht es wieder zurück bis zur nächsten Abzweigung. Nach rechts führt es zu einem Beobachtungsturm, von dem aus die Flora und Fauna gut beobachtet werden kann. Hier erklären nochmals Tafeln u.a. die heimischen Fische im Main. Für den Rückweg an der Kreuzung rechts halten und am Main entlang wieder zum Ausgangspunkt wandern.

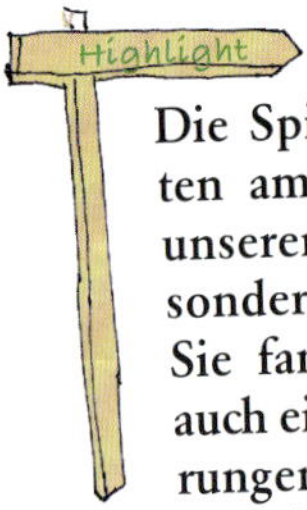

Die Spielmöglichkeiten am Main haben unseren Kindern besonders gut gefallen. Sie fanden am Weg auch einige Versteinerungen, also Augen offenhalten!

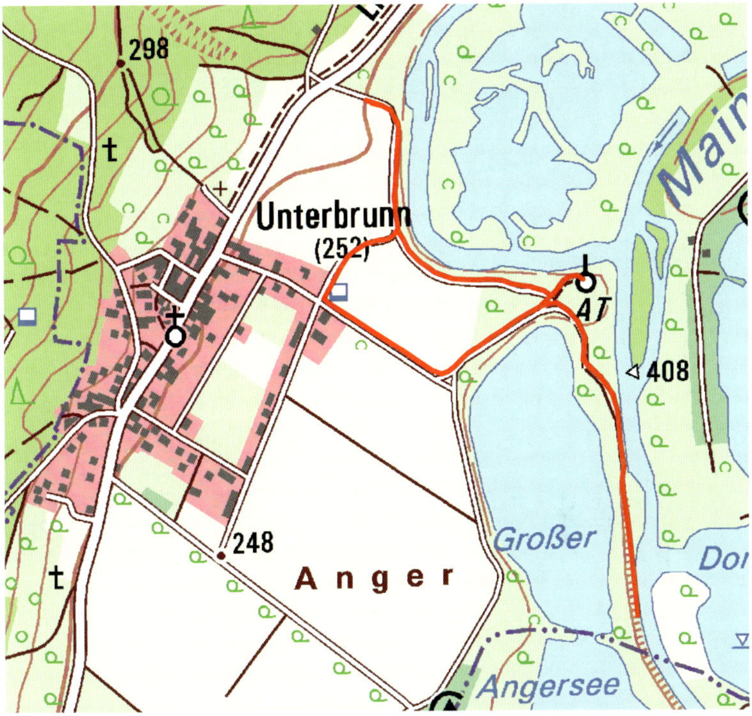
298
Unterbrunn
(252)
Main
AT
408
248
Anger
Großer
Angersee

23 Zu den Baumriesen im Steigerwald

Entlang des Methusalempfads erwarten den Wanderer zahlreiche alte Bäume, wie Bergahorne oder Buchen, die teilweise bizarre Wuchsformen aufweisen. Kinder können auf Baumstämme klettern, die Jahresringe zählen oder in einem kleinen Bachlauf plantschen.

96157 Ebrach,
Radstein 2

2 km | 60 | 1,5 Std. | ●

Start: An den Parkplätzen am Waldrand (gegenüberliegende Straßenseite Baumwipfelpfad)

Für welches Wetter geeignet?
Trockenes und regnerisches Wetter

Wie viel Schatten?
¾ des Weges. Verläuft meist im Wald unter Bäumen

Geeignet für Kinderwagen?
Nein. Mit Kindertrage gut machbar

Geeignet für Laufrad / Kinderfahrrad? Nein

Steigungen Erster Teil der Wanderung bergab, zweiter Teil bergauf, aber insgesamt nur moderate Steigungen.

Wegbeschaffenheit
Teerweg, Wander- und Forstwege

Spielmöglichkeiten Wald und Bäume zum Spielen. An der Station Methusalem 4 Möglichkeit, auf einem Baum zu Balancieren, kleiner Bachlauf

Geeignet ab Jahren 3 Jahre

Anfahrtsbeschreibung B22 Bamberg – Würzburg bis Ebrach und weiter zum Baumwipfelpfad Steigerwald. (B22 Ebrach Richtung Würzburg)

ÖPNV VGN Freizeitlinie 990 (Bamberg/Hirschaid – Ebrach)

Parkmöglichkeit Parkplatz am Baumwipfelpfad Steigerwald bzw. auf der gegenüberliegenden Straßenseite

Einkehrmöglichkeit
Restaurant am Baumwipfelpfad, Radstein 2, 96157 Ebrach, Tel. 09553/9891587, **http://lebenshilfe-schweinfurt.de/index.php?id=536**

Sonstige Info, Besonderes am Wegesrand
In unmittelbarer Nähe liegt der Baumwipfelpfad Steigerwald (Beschreibung siehe Tour 29)

Weitere Infos und Flyerdownload: www.ebrach.de/Methusalempfad_Methusalempfad_137_kkmenue.html

Die Tour startet an einem großen Schild „Methusalem-Wanderweg" und ist mit einem „M" gekennzeichnet. Nach einer Rechtskurve werden die ersten beiden Methusaleme, zwei etwa 150 Jahre alte Bergahorne erreicht. Es geht nach links bergab auf den geteerten Fahrradweg bis zu einer kleinen Abzweigung auf der rechten Seite. Hier ist etwas Vorsicht geboten, da die Abzweigung leicht übersehen werden kann. Auf einem schmalen Weg werden große Buchen erreicht, an denen sich eine Kletter- und Balancierpause anbietet, bevor es über Treppenstufen wieder auf den Radweg zurückgeht. Diesem weiter bergab gehen und links der Beschilderung folgen. Auf einem schmalen Pfad verläuft die Wande-

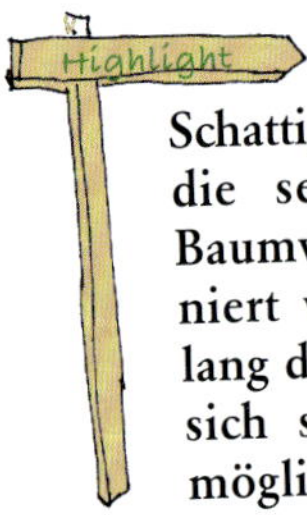

Schattige und ruhige Tour, die sehr gut mit dem Baumwipfelpfad kombiniert werden kann. Entlang des Bachlaufs bieten sich sehr schöne Spielmöglichkeiten.

rung weiter und führt zu einem kleinen Bachlauf. Vorbei an einer Traubeneiche, Buche und Feldahorn geht es zum Waldrand, an dem eine vom Sturm gefällte Waldrandbuche liegt. Der Weg trifft nun auf einen Fahrweg, der schräg überquert wird. Es geht bergauf und entlang des Weges finden sich Hinweistafeln zu einzelnen Baumarten. Über Treppenstufen wird ein Forstweg erreicht. Diesem nach links für etwa 200 Meter folgen, bis erneut links der Methusalempfad abzweigt. Auf einem Waldweg verläuft die Tour nun eben wieder zurück zum Ausgangspunkt.

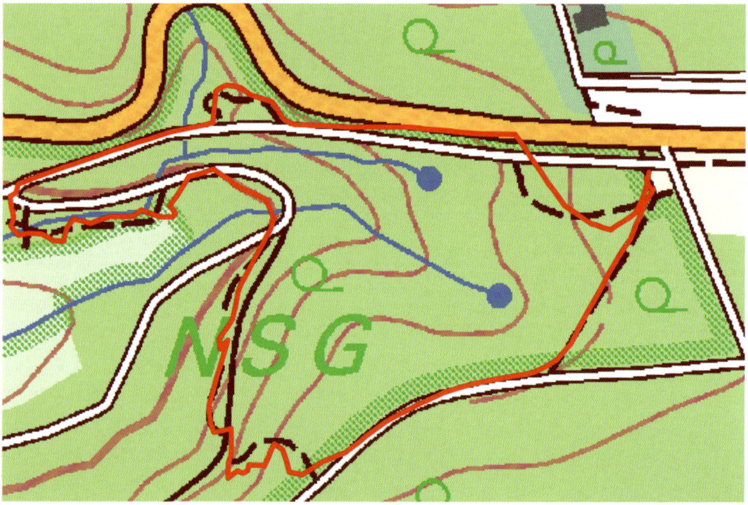
NSG

M 4

Handthaler Weinbergrunde

24

Eine Burgruine, Weinberge und ein abenteuerlicher Pfad durch den Steigerwald – da kommt bei Kindern keine Langeweile auf. Die etwas längere Tour kann problemlos in zwei Teile aufgeteilt werden.

97516 Oberschwarzach, Handthal 56

Teil I: Ausgangspunkt ist das Steigerwald-Zentrum, von dem aus die Wanderung Richtung Handthal startet. Vor den ersten Bäumen rechts gehen und parallel zum Handthaler Bach in den Ort gehen. Am Ende des Weges links halten, am Café Lust vorbeigehen und rechts halten. Auf dieser Straße wird Handthal wieder verlassen und die Wanderung führt anfangs auf einem Teerweg Richtung Michelau. Der Weg, ausgeschildert als Kelten-Erlebnisweg, geht in einen Schotterweg über und kurz nach Erreichen des Waldes zweigt links ein beschil-

9,5 km (Teil I: 3,5 km, Teil II: 6 km) | 285 | 5 Std. (Teil I: 2 Std., Teil II: 3 Std.) | ●

Start: Handthal

Für welches Wetter geeignet? Trockenes Wetter, besonders schön im Herbst, wenn die Blätter der Weinberge bunt werden

Wie viel Schatten? Ein Drittel des Weges im Wald, in den Weinbergen sehr sonnig!

Geeignet für Kinderwagen? Nein, Kindertrage ja

Geeignet für Laufrad / Kinderfahrrad? Nein

Steigungen Teilweise steilere Anstiege bzw. Abstiege über Treppenstufen

Wegbeschaffenheit Teer,-Forst- und schmale Waldwege

Spielmöglichkeiten Spielplatz am Steigerwald-Zentrum, Spielplatz in Handthal, Ruine Stollburg, Wald

Geeignet ab Jahren Teil I: 3 Jahre, Teil II: 5 Jahre

Anfahrtsbeschreibung B22 Ebrach – Schwarzach am Main bis Breitbach, dort Richtung Oberschwarzach fahren. Im Ort rechts in die Handthaler Straße biegen und dieser bis Handthal folgen.

ÖPNV Freizeitlinie Gerolzhofen – Handthal (1. Mai–1. November, Wochenende, Feiertage) mit Anschluss an die Buslinie 8160 Schweinfurt–Gerolzhofen

Parkmöglichkeit Parkplatz am Ortseingang von Handthal

Einkehrmöglichkeit Café Lust, kleines, gemütliches Café mit hausgemachten Kuchen, Terrasse und Garten, Handthal 40, 97516 Oberschwarzach, Tel. 09382/314883, www.cafe-lust-handthal.de

Sonstige Info, Besonderes am Wegesrand Steigerwald-Zentrum, Handthal 56, 97516 Oberschwarzach, Tel. 09382-31998-0, www.steigerwald-zentrum.de

derter Weg zur Ruine Stollburg ab. Nun geht es etwas bergauf und nach wenigen Minuten stößt der Wanderweg auf eine Kreuzung, hier links halten und weiter zur Stollburg gehen. Von der Burg ist eigentlich nur noch eine hohe Mauer übrig, aber das Gelände ist ein idealer Abenteuerspielplatz für Kinder und es bietet sich ein sehr schöner Ausblick! Nach einer Spielpause führt die Wanderung auf dem Steigerwald Panoramaweg Richtung Handthal und über Treppenstufen werden die Weinberge erreicht. Unten angekommen, links halten und am Restaurant Stollburg vorbei bis zum Wanderparkplatz gehen. Hier rechts abzweigen und über einen schmaleren Wanderweg bergab in den Ort gehen. An der Kreuzung rechts halten und der Straße bis zur Kirche folgen. Nun links Richtung Steigerwald-Zentrum gehen und kurz vor diesem rechts auf einen Wanderweg zum Wald biegen.

Teil II: Der Ausschilderung „Aussicht Geiersknuck" auf dem Steigerwald Panoramaweg bzw. Weinsteiger folgend wird eine Sitzgruppe mit Steinskulpturen erreicht, an der die Grenze zwischen Ober- und Unterfranken verläuft. Mit schönen Ausblicken auf die Stollburg und Handthal geht es weiter am Waldrand entlang. An der nächsten Abzweigung gerade weiter wandern, bis der Weg spitz auf einen anderen Wanderweg stößt. Hier scharf links gehen und der anschließenden Rechtskurve folgen. An der folgenden Kreuzung den ganz linken Weg wählen, der zur „Aussicht Geiersknuck" führt. An den Wein-

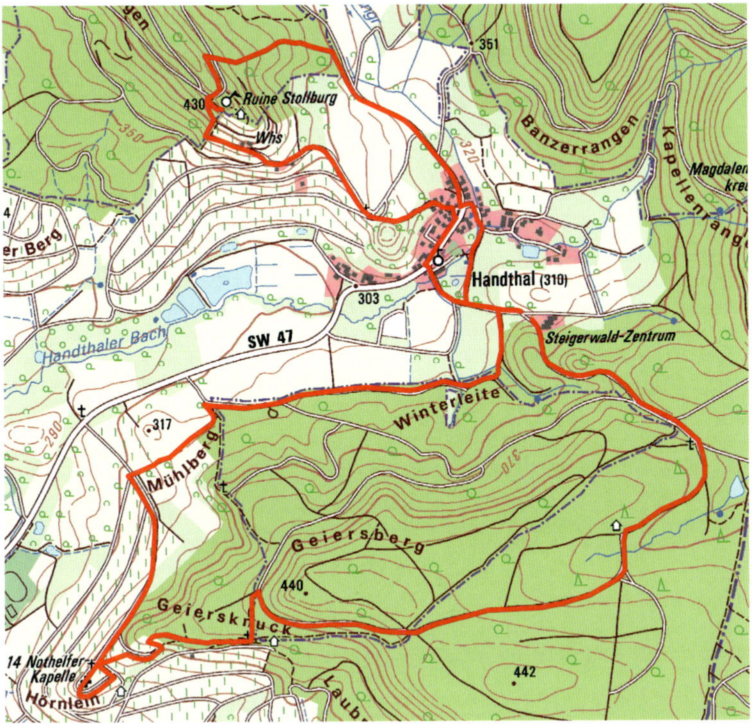

bergen entlang wandern und die 14-Nothelfer-Kapelle umrunden. Die Wiesen an der Kapelle laden mit Bänken zu einer schönen Rast ein. Nun geht es links zurück auf den Wanderweg und gleich rechts bergauf zum Geiersknuck. Hier rechts um den Weinberg und rechts auf den Steigerwald Panoramaweg Richtung Ebrach in den Wald. Auf einem schmalen Waldweg führt die Wanderung weiter und erreicht die Markierungen „Geiersknuck Mitte“ und „Geiersknuck Ost“. Links halten und weiter Richtung Ebrach gehen und an den nächsten beiden, kurz aufeinanderfolgenden Kreuzungen jeweils rechts gehen. Leicht steigt der Weg bis zur nächsten Abzweigung an. Hier wird die höchste Stelle der Wanderung erreicht. Nun links halten und es geht auf einem Forstweg wieder zurück nach Handthal. In einer Linkskurve schwenkt der Weg in den Verbindungsweg Steigerwald-Zentrum–Baumwipfelpfad ein und führt nach links über den Kelten-Erlebnisweg zum Ausgangspunkt der Wanderung am Steigerwald-Zentrum zurück.

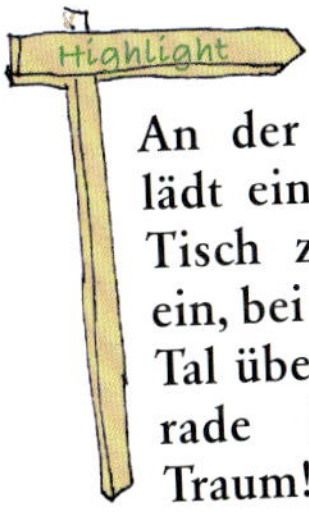

An der Ruine Stollburg lädt eine Sitzgruppe mit Tisch zu einer Brotzeit ein, bei der sich das ganze Tal überblicken lässt. Gerade im Herbst ein Traum!

25 Baumwipfelpfad und Steigerwald-Zentrum

3,6 km +40/-80 1,5 Std.

Start: Parkplatz am Baumwipfelpfad
Für welches Wetter geeignet? Trockenes Wetter
Wie viel Schatten? Die gesamte Tour verläuft durch den Wald.
Geeignet für Kinderwagen? Ja (geländegängiger Kinderwagen)
Geeignet für Laufrad / Kinderfahrrad? Nein
Steigungen Wenige Steigungen, die Wanderung führt eher leicht bergab
Spielmöglichkeiten Wald, Baumwipfelpfad mit Spielplatz und Streichelwald, Spielplatz am Steigerwald-Zentrum
Geeignet ab Jahren 3 Jahre
Anfahrtsbeschreibung B22 Ebrach – Schwarzach am Main bis zum Baumwipfelpfad Steigerwald bei Ebrach.
ÖPNV VGN Freizeitlinie 990 (Bamberg/Hirschaid – Ebrach)
Parkmöglichkeit Parkplatz direkt an der B22 (Baumwipfelpfad)
Einkehrmöglichkeit Restaurant am Baumwipfelpfad , Radstein 2, 96157 Ebrach, Tel. 09553/9891587, **http://lebenshilfe-schweinfurt.de/index.php?id=536**
Café Lust, kleines, gemütliches Café mit hausgemachten Kuchen, Terrasse und Garten. Handthal 40, 97516 Oberschwarzach, Tel. 09382/314883, **www.cafe-lust-handthal.de,**
Sonstige Info, Besonderes am Wegesrand Steigerwald-Zentrum, Handthal 56, 7516 Oberschwarzach, Tel. 09382/31998-0, **www.steigerwald-zentrum.de**
Baumwipfelpfad Steigerwald, Radstein 2, 96157 Ebrach, Tel. 09553/989-80102, Bus-Shuttle zwischen Steigerwald-Zentrum und Baumwipfelpfad, Mai – 1. November an Wochenenden und Feiertagen. **www.baumwipfelpfadsteigerwald.de** (Fahrplan und Preise im Web unter Menüpunkt Steigerwald-Zentrum). Ladestationen für E-Bikes und Elektromobile am Baumwipfelpfad

Vom Bier zum Wein – eine gemütliche Wanderung vom oberfränkischen Ebrach ins unterfränkische Handthal. Besondere Highlights sind der Baumwipfelpfad mit seinem 360-Grad-Panorama über den Steigerwald und das Steigerwald-Zentrum mit informativen Ausstellungen.

96157 Ebrach, Radstein 2

Die Tour startet am Parkplatz des Baumwipfelpfades Steigerwald und folgt anfangs der Beschilderung zu diesem. Der Schotterweg führt am Restaurant vorbei in den Wald und nach wenigen Minuten wird linkerhand der Eingang des Baumwipfelpfa-

des erreicht. Auf einer Länge von 1.150 Meter gehen die Besucher in 26 Meter Höhe an den Bäumen entlang und genießen vom 42 Meter hohen Turm ein spektakuläres 360-Grad-Panorama über den Steigerwald! Nach dem Ausgang links halten und den Wegweisern zum Steigerwald-Zentrum folgen. Wer den Baumwipfelpfad nicht besuchen möchte, bleibt auf dem Weg, wobei bei der nächsten Abzweigung links ein kurzer Abstecher lohnt, da sich schöne Blicke auf den Pfad und den Turm von unten bieten! Wieder zurück auf dem Wanderweg führt die Wanderung weiter durch den Mischwald. Über einen Holzweg wird eine Senke mit einem ausgetrockneten

Bachlauf überquert und nach einer Rechtskurve führt die Wanderung direkt auf einen kleineren See zu. Hier spiegeln sich die Bäume im Wasser und anschließend lädt ein Pirschpfad dazu ein, mehr über die Wildtiere im Wald zu entdecken. Nach links schwenkt nun der Verbindungsweg in den Kelten-Erlebnisweg ein und führt direkt zum Steigerwald-Zentrum am Waldrand. Der Rückweg erfolgt auf dem gleichen Weg oder mit dem Shuttlebus.

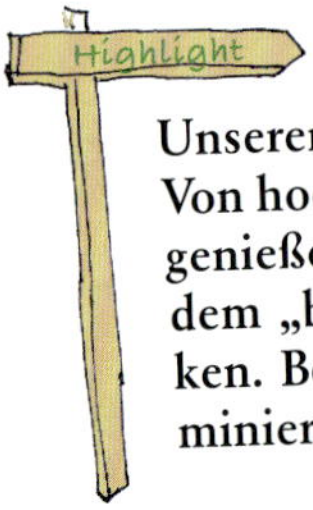

Unseren Kindern gefällt der Baumwipfelpfad immer wieder. Von hoch über den Bäumen die Aussicht über den Steigerwald genießen zu können, ist etwas Besonderes! Die Tour führt aus dem „biergeprägten" Oberfranken ins Weinland Unterfranken. Bei Handthal wird die Landschaft von Weinbergen dominiert, was besonders im Herbst ein buntes Farbspiel liefert.

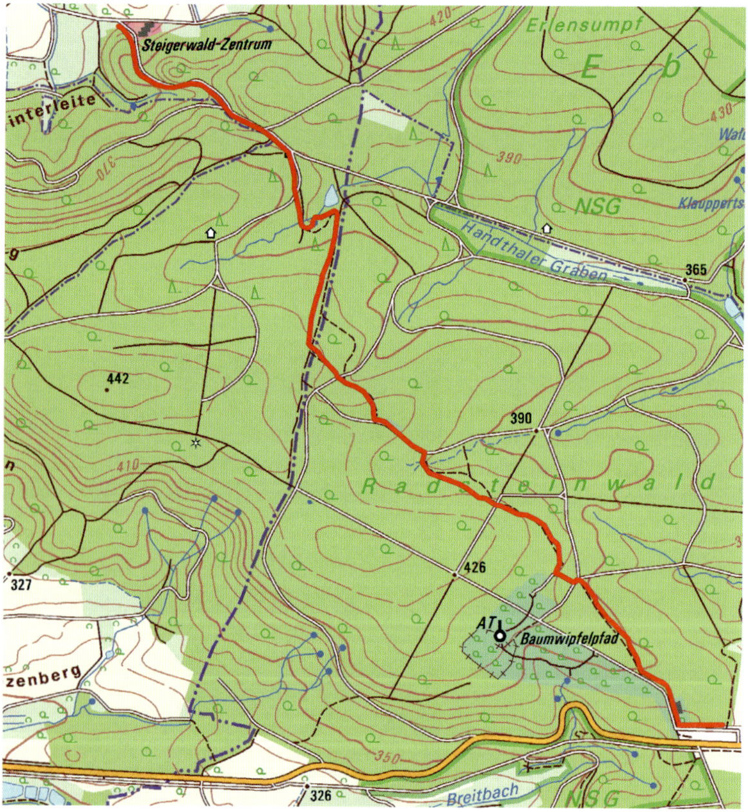

LÄRCHE
LÄRCHE
KIEFER
FICHTE
BUCHE
BUCHE
BUCHE
BUCHE
EICHE
EICHE
BIRKE

Radtouren

Pettstadt 2,0
Forchheim (Talroute) 25
Hirschaid 5,3
Strullendorf 2,4
Bamberg (Talroute) 9,2
Bamberg Bug 5,7

26 Immer am Wasser entlang

12 km | 68 | 2 Std.

Start: An der Spinnerei, Erba-Insel (andere Einstiege sind möglich)
Für welches Wetter geeignet?
Trockenes Wetter, auch im Winter eine empfehlenswerte Tour
Wie viel Schatten? ¼ der Wegstrecke (Hain)
Geeignet für Kinderwagen? Ja
Geeignet für Laufrad / Kinderfahrrad? Ja
Steigungen Keine Steigungen
Wegbeschaffenheit Schotter- und Teerwege
Spielmöglichkeiten Viele Spielplätze entlang des Weges im Erba-Park, am Adenauerufer und im Hain. Beobachten der Schiffe im Bayernhafen Bamberg (kostenloses Fernrohr), am Main-Donau-Kanal und an der Regnitz-Schleuse. Bootsverleih im Hain, Bolz- und Basketballplatz am Hollergraben, Basketballplatz, Volleyballfeld und Kicker im Erba-Park, Minigolfplatz an der Buger Spitze und im Hain, Hainbad
Geeignet ab Jahren jedes Alter
Anfahrtsbeschreibung A70 Ausfahrt Bamberg-Hafen, B26 Richtung Bischberg fahren, an der ersten Abzweigung Richtung Gaustadt abbiegen und der Gaustadter Hauptstraße folgen. Am Hinweisschild Parkhaus links auf die Erba-Insel biegen.
Parkmöglichkeit Tiefgarage Erba-Insel, Jahn-Wehr (Hain)
Einkehrmöglichkeit
Lemon Tree, Weidendamm 150, 96047 Bamberg, Tel.: 0951/96439713 **https://lemontree-bamberg.de/**
Bootshaus, Mühlwörth 18A, 96047 Bamberg, Tel. 0951/24485, **www.bootshaus-restaurant.de**
Kiosk „Kunni" am Adenauerufer, Kunigundendamm 67, 96050 Bamberg
Cafés und Kneipen in der Oberen Sandstraße
Sonstige Info, Besonderes am Wegesrand
Öffentliches WC am großen Erba-Spielplatz

Egal, ob als Fahrrad- oder Laufstrecke, als Spaziergang mit dem Kinderwagen – diese Tour ist ein absolutes Highlight für Familien! Die Strecke führt an vielen Sehenswürdigkeiten der Welterbestadt vorbei und bietet für Kinder jeden Alters viele Spielmöglichkeiten.

96049 Bamberg,
An der Spinnerei

Vom Ausgangspunkt wird die Erba-Insel über den Erba-Steg an der Schleuse verlassen und es geht nach rechts in den Radweg Am Leinritt. Diesem Weg bis zur Schwarzen Brücke folgen und dort über die Regnitz wieder auf die Erba-Insel fahren. Direkt nach der Brücke zweigt links ein schmaler Weg ab, der zur Inselspitze führt. Von der Inselspitze verläuft die Tour nun am Main-Donau-Kanal entlang, vorbei am großen Erba-Spielplatz weiter zur Europabrücke. An dieser wird die Flussseite gewechselt. Auf der anderen Seite des Kanals führt der Radweg nun weiter und mündet in das Adenau-

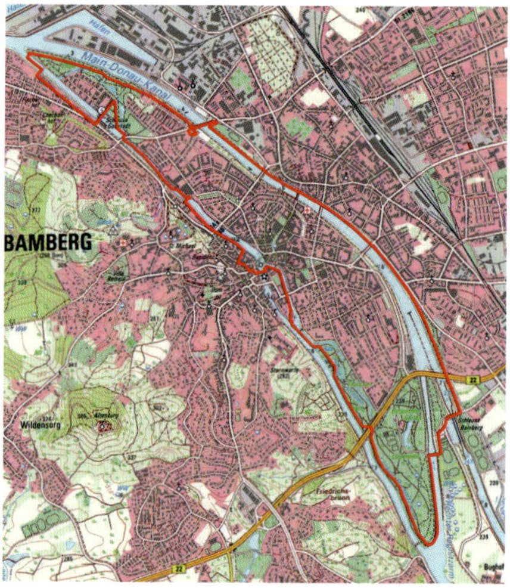

erufer. Entlang dieses Abschnittes werden mehrere Spielplätze passiert und im Luitpoldhain bietet sich eine Rast an. An der Schleuse wird der Main-Donau-Kanal wieder überquert und die Tour verläuft weiter in den Hain. Dazu nach der Schleuse die erste Abzweigung nach rechts fahren und am Parkplatz beim TSG 05 Bamberg zur Regnitz-Schleuse fahren. Hier die Regnitz überqueren und nach links zur Buger Spitze fahren. Auf dem Weg dorthin wird ein Waldstück passiert, an dem im späten Winter die ersten Blumen blühen und Frühlingsgefühle aufkommen lassen. Nach Passieren der Buger Spitze führt die Tour entlang der Regnitz zurück in die

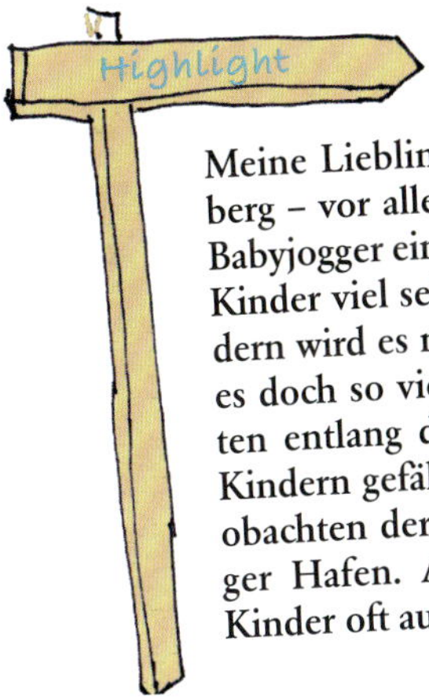

Meine Lieblingstour durch Bamberg – vor allem zum Laufen mit Babyjogger eine tolle Tour, bei der Kinder viel sehen. Größeren Kindern wird es nicht langweilig, gibt es doch so viele Spielmöglichkeiten entlang des Weges. Unseren Kindern gefällt besonders das Beobachten der Schiffe im Bamberger Hafen. Am Ufer gehen die Kinder oft auf Muschelsuche.

Höhenprofil

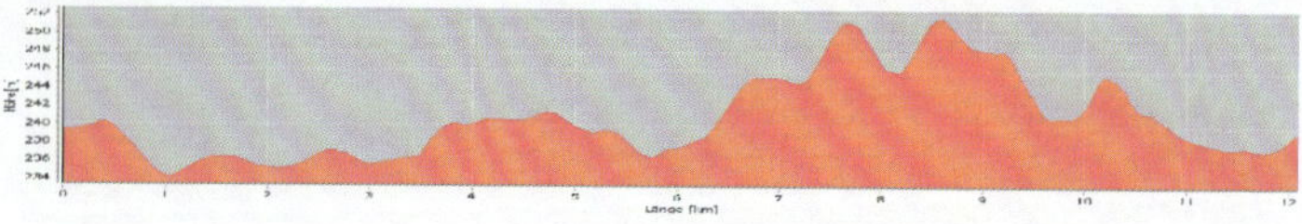

Innenstadt. Unter der Brücke des Münchner Rings macht der Weg einen kleinen Schlenker, führt anschließend wieder direkt am Fluss entlang bis zum Ruderclub und Bootshaus. Es geht nun über den Parkplatz zum Hainbad, einem historischem Flussbad. Anschließend links halten und weiter am Fluss entlang fahren, bis die historische Schleuse 100 erreicht wird. An dieser rechts abbiegen, vorbei am alten Schleusenwärterhaus und weiter am Nonnengraben. Ab der nächsten Brücke ist Vorsicht geboten, da hier viele Touristen unterwegs sind. Das Alte Rathaus kommt in Sichtweite und nach einer scharfen Linkskurve rechts auf die Geyerswörthbrücke fahren. Nach Verlassen der Brücke rechts halten und an der Gaststätte Hofbräu links in die Karolinenstraße biegen. Nach wenigen Metern rechts in die Herrenstraße fahren und weiter nach links in die Obere Sandstraße. Nach Passieren des „Schlenkerla“ rechts in die Kasernstraße biegen und zur Regnitz radeln. Nach einer Pause, um den Blick auf Klein Venedig zu genießen, führt die Strecke am Leinritt wieder Richtung Erba-Insel. Dem Radweg bis zur Konzert- und Kongresshalle folgen und dort die Regnitz queren. Links am Gebäude vorbei führt nun der Weg direkt am Fluss weiter. Nach einem kleinen Fischpass und der Friedensbrücke verläuft die Tour über den Fünferlessteg auf die Erba-Insel. Vorbei am Sams-Spielplatz geht es weiter zum Ausgangspunkt der Tour.

Mit dem Mountainbike durch den Michelsberger Wald

27

Raus aus der Stadt und rein in die Natur! Bei der leichten Mountainbiketour durch den Michelsberger Wald zeigt sich, wie schön und entspannt es außerhalb Bambergs sein kann. Ideal für Kinder, um das Fahren auf unbefestigten Wegen zu trainieren.

96049 Bamberg, Heinrich-Semlinger-Straße

Nach dem Start an der Schwarzen Brücke zur Erba-Insel führt die Tour am Unteren Leinritt stadtauswärts mit Blick auf den Bamberger Hafen. An der nächsten Abzweigung links in die Steigerwaldstraße fahren und dieser bis zur Hauptstraße folgen. Hier rechts abbiegen und an der Ampel links in die Dr.-Martinet-Straße

13,6 km | 200 | 2 Std.

Start: Schwarze Brücke zur Erba-Insel in Gaustadt

Für welches Wetter geeignet? Trockenes Wetter zu jeder Jahreszeit

Wie viel Schatten? ½ der Strecke im Wald

Geeignet für Fahrradanhänger? Ja, aber anstrengend!

Steigungen Erster Teil der Strecke steigt kontinuierlich an, danach meist leicht bergab.

Wegbeschaffenheit Teer, Wald- und Forstwege

Spielmöglichkeiten
Spielplatz am Sylvanersee, am Unteren Leinritt zwischen Gaustadt und Bischberg (etwa 100 Meter abseits des Weges, mit Bolzplatz) und auf der Erba-Insel.

Geeignet ab Jahren 8 Jahre

Anfahrtsbeschreibung Gaustadter Hauptstraße bis zur Abzweigung Heinrich-Semlinger-Str. und der Straße bis zur Brücke folgen.
Aus der Innenstadt ist der Ausgangspunkt gut mit dem Rad erreichbar.

Parkmöglichkeit Am Straßenrand der Heinrich-Semlinger-Str. bzw. am Unteren Leinritt

Einkehrmöglichkeit Nein

Sonstige Info, Besonderes am Wegesrand
Am Rothof können Pferde auf der Koppel beobachtet werden.
Infotafeln „Geheimnisse im Kleingewässer" bei Bischberg, auf denen die Lebewesen im und am Wasser erklärt werden.
Die Tour lässt sich ideal mit einem Aufenthalt auf der Erba-Insel kombinieren.

biegen und dieser bzw. der Verlängerung, der Seewiesenstraße bis zur gleichnamigen Bushaltestelle folgen. Nun links in den Ziegelhüttenweg abbiegen und am Sylvanersee entlangfahren. Nach einem Spielplatz geht der Teerweg in einen holprigen Forstweg über und Bamberg wird verlassen. Gerade geht es Richtung Michelsberger Wald und nach einem kurzen Stück wird der Waldrand erreicht, an dem die Tour nun entlang verläuft. Etwa ab km 2 steigt der Weg an und führt in den Wald. Nach einer Rechtskurve auf dem Forstweg bleiben und diesem bis zur nächsten Abzweigung im Wald folgen. Hier rechts halten und diesem Weg bis zum Waldrand folgen. Es geht etwas bergab und nach einer Rechtskurve zweigt links der Weg Richtung Weipelsdorf ab. Diesem folgen, es wird etwas anstrengend, da es bergauf geht. An der nächsten Kreuzung liegt linkerhand die Metzgermarter zur Erinnerung an einen im Jahre 1565 ermordeten Metzgerburschen. Mit Bänken lädt diese zu einer kurzen Rast ein. Die Route führt von unten kommend gerade an der Marter vorbei und macht eine Linkskurve. Nachfolgend steigt der Weg nochmals an und trifft nach einigen Kurven auf eine kleine Abzweigung, an der es nach rechts weitergeht. Der höchste Punkt der Tour ist fast erreicht und dem Weg folgend geht es nun wieder bergab bis zum Waldrand. Hier lässt sich die Aussicht über die hügelige Landschaft genießen, bevor die Route gleich wieder rechts in den Michelsberger Wald führt. Entspannt geht es nun bergab, bis der Wald bei Weipelsdorf verlassen wird. Links halten

Höhenprofil

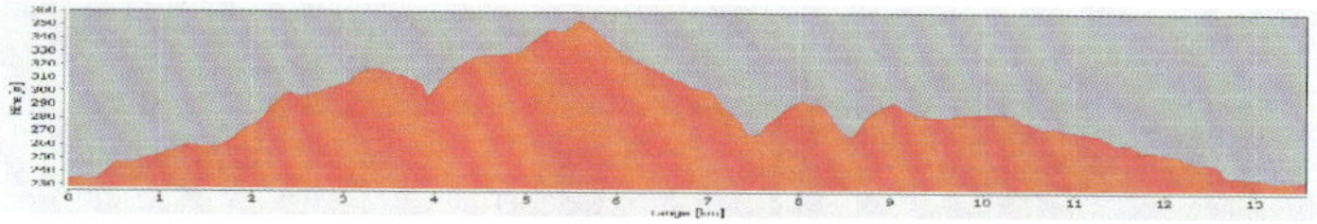

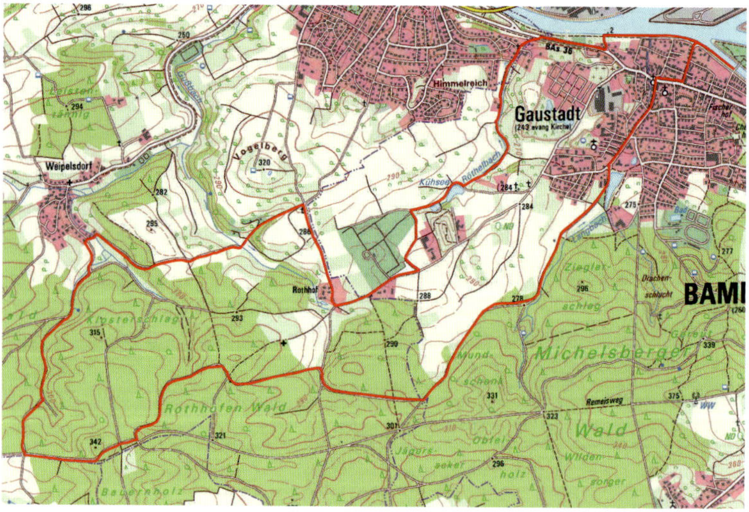

und Richtung Ort fahren und direkt vor den ersten Häusern wieder rechts der Beschilderung Steigerwald Panoramaweg bzw. 7-Flüsse-Weg folgen. In einer Linkskurve führt die Tour kurz durch den Wald, bevor es an Feldern entlang in eine Senke geht. Natürlich steigt der Weg danach wieder an und erreicht die Abzweigung Bischberg Vogelberg. Hier rechts halten und zum Rothof fahren und nach links der Rothofer Straße bis zum Parkplatz an der Kleingartenanlage folgen. Hier links abbiegen und um die Siedlung herumfahren. Am Ende des Weges rechts halten, es geht an zwei Fischweihern vorbei. Danach zweigt links ein Weg ab, der auf Bischberg zuläuft. Diesem folgen, am Ortseingang erklären einige Infotafeln Wissenswertes zu den Lebewesen an Kleingewässern und der Weg stößt nun gerade auf den Gaustadter Weg, der in den Röthelbachweg übergeht und auf die Straße Gaustadt–Bischberg stößt. Ein kurzes Stück der Straße Richtung Gaustadt folgen und an der ersten, kleinen Abzweigung links in die Mainluststraße biegen. Dieser bis zum Ende folgen. Hier wird der Untere Leinritt erreicht, auf dem es nach rechts wieder zum Ausgangspunkt an der Schwarzen Brücke geht.

Highlight

Uns gefällt besonders die Ruhe und Abgeschiedenheit im Michelsberger Wald. Gerade im Herbst zeigt sich der Wald mit seinen vielen großen Bäumen in bunten Farben, was nochmals einen besonderen Reiz ausübt.

28 Vom Hain in Bamberg nach Reundorf

28,5 km | 190 | 3 Std. | ●

Start: An der Schleuse 100 im Bamberger Hain
Für welches Wetter geeignet?
Trockenes Wetter, jede Jahreszeit
Wie viel Schatten? ¼ der Tour
Geeignet für Fahrradanhänger? Ja
Steigungen Nur mäßige Steigungen. Im Bruderwald eine größere Steigung und eine steilere Abfahrt
Spielmöglichkeiten Minigolfplatz in Bug, Oberer Leinritt 70, 96049 Bamberg, Tel. 0170/4940842
Bademöglichkeiten im Hainbad (siehe Nr. 50, Seite 143); Bootsverleih an der Buger Spitze (nicht immer besetzt); Spielplatz am Schmausenkeller, schöner und großer Spielplatz mit vielen Spielgeräten am und im Wald
Geeignet ab Jahren 6 Jahre
Anfahrtsbeschreibung A73 bis zur Ausfahrt Bamberg-Ost. Von dort immer gerade aus der Straße folgen, den Main-Donau-Kanal überqueren und am Kreisverkehr die erste Ausfahrt wählen und der Friedrichstraße bis zur zweiten Ampel folgen. Am Schönleinsplatz links in die Hainstraße biegen und anschließend rechts in die Richard-Wagner-Straße. Dieser über die Regnitz folgen und nach rechts geht es in die Geyerswörthstraße, an der die Tiefgarage liegt.
Parkmöglichkeit Tiefgarage Geyerswörth, Geyerswörthstraße
Einkehrmöglichkeit Bootshaus, schöner Biergarten direkt an der Regnitz, Mühlwörth 18A, 96047 Bamberg, Tel. 0951/24485,
https://bootshaus-restaurant.de
Schmausenkeller, Am Bahnhof 13, 96158 Reundorf, Tel. 09502/608,
www.schmausenkeller.de
Pettstadter Keller, An der Kreuzung Pettstadt–Waizendorf, 96175 Pettstadt, Tel. 0178/4121658
Gasthof Melber, Höfen, mit nettem Biergarten, Höfener Hauptstraße 18, 96135 Stegaurach, Tel. 0951/29127
Restaurant Lieb, Am Regnitzufer 23, 96049 Bamberg, Tel. 0951/56078, **www.hotel-lieb.de**

„Fährmann hol über"! Bei dieser leichten Radtour wird die Regnitz an zwei Stellen mit der Fähre überquert, was für die Kinder immer ein besonderes Highlight ist.

96047 Bamberg;
Mühlwörth 15

Die gemütliche Radtour startet an der Schleuse 100 und führt zwischen Regnitz und Hollergraben in den Hain und verläuft am Hainbad und Bootshaus vorbei. Anschließend rechts halten und weiter am Fluss entlangfahren, bis der Druidentempel erreicht wird. Hier etwas links halten und unter der Straße durch und weiter am Fluss entlang bis zur Buger Spitze. An dieser zum rechten Regnitzarm fahren und beim Jahnwehr die Flussseite wechseln und wieder zurück an der Regnitz entlang. Vor der Brücke links zum Schwimmverein abbiegen, an diesem vorbei und gerade weiter auf der Straße bleiben. Der Weg führt an einem Haus vorbei und verläuft anschließend durch die Buger Sandwiesen und vorbei an Feldern. Diesem Weg lange folgen bis zu einer Linkskurve und weiter auf den Kanal zufahren. Vor der Brücke rechts zur Pettstadter Fähre abbiegen und ein Stück am Kanal entlangfahren. Vor der Straße rechts dem beschilderten Weg zur Fähre folgen. Auf einem Schotterweg geht es nun weiter. Nach links führt der Weg unter der ehemaligen Bahnlinie durch und zweigt anschließend sofort nach rechts ab und führt zur Fähre. Nach einem lauten „Fährmann hol über" auf die andere Regnitzseite übersetzen, dem Weg zur Straße folgen und diese geradeaus Richtung Pettstadt überqueren. Entlang der Hauptstraße, vorbei an der Kirche durch den Ort fahren und links halten. Über die Straße Kaulberg aus Pettstadt fahren und dem Radweg entlang der Bahngleise folgen.

Nach einem längeren Wegstück rückt links am Waldrand der Schmausenkeller ins Sichtfeld und nach links führt eine Straße hoch zum Keller.

Nach einer Rast geht es auf den Rückweg, der bis Pettstadt auf dem Hinweg erfolgt und dort nach links in den Mühlweg abzweigt. Die Straße führt zur Hauptstraße, an der es nach links weitergeht. Pettstadt wieder verlassen und an der nächsten Abzweigung rechts halten und weiter bis zur Abzweigung nach Waizendorf und Höfen. Hier nach links die Straße überqueren und dem Radweg nach Neuhaus folgen. Im Ort links fahren und weiter Richtung Schadlos und Höfen. Nach dem Gasthaus Melber rechts abbiegen und der Boverisstraße folgen. Am Ende mündet die Straße nach rechts in einen schmalen Weg. Auf diesem weiter und nach einer Linkskurve die Aurach überqueren. An der nächsten Kreuzung

Sonstige Info, Besonderes am Wegesrand
Pettstadter Fähre,
Fährzeiten: 1. März bis 31. Oktober
Chance-Jugend-Fähre an der Schleuse 100
Fährzeiten: April bis Ende Oktober, mehr Infos unter: **www.chance-jugend-faehre.de**
Als alternative Streckenführung ist es auch möglich, am Jahnwehr links bis zur Schleuse Bamberg zu fahren. Hinter dieser rechts am Kanal entlang, vorbei an Rentners Ruh, ein paar Bänken am Waldrand, bis zur nächsten Brücke weiter und dort den Kanal überqueren. Weiter siehe oben.

geradeaus weiter in den Bruderwald fahren. Bis zum Pavillon „Bierkrug“ auf dem Weg bleiben und anschließend links halten. Die Tour führt am Waldkindergarten vorbei und zweigt an einer nicht ausgeschilderten Kreuzung nach rechts ab. Hier ist etwas Vorsicht geboten, damit diese nicht übersehen wird. Erkennbar ist die Kreuzung, da an einem Baum ein Kasten mit einer Marienfigur hängt. Nun führt der Forstweg bergab nach Bug und mündet nach einer Linkskurve in die Buger Hauptstraße. Dieser Straße folgen und rechts zum Hain abbiegen. Sofern die Fähre an der Schleuse 100 in Betrieb ist, geradeaus weiterfahren, andernfalls die Regnitzseite wechseln und diese Flussseite für den Rückweg wählen. Es geht gerade weiter, vorbei an der ehemaligen Jugendherberge „Wolfsschlucht“ bis zur Treppe an der Villa Concordia. Mit der Fähre übersetzen und der Ausgangspunkt der Tour ist erreicht.

Eine Tour, die viele Pausenmöglichkeiten und Abwechslung bietet. Unsere Kinder finden die Fährfahrten immer wieder super!

Höhenprofil

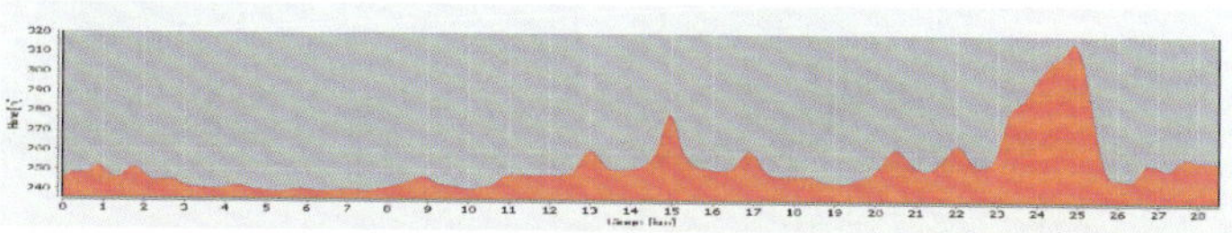

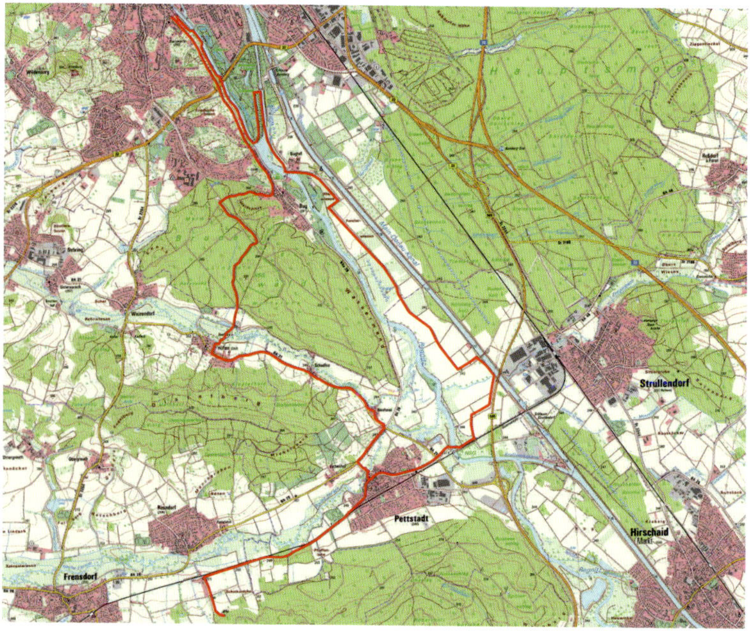

Durch die Fränkische Toskana

29

Eine abwechslungsreiche Radtour, bei der ein paar Höhenmeter überwunden werden müssen. Sie bietet aber viele Einkehr- und Spielmöglichkeiten entlang des Weges, sodass die Tour für Kinder sehr spannend ist.

96049 Bamberg, Ludwigstraße

Die Tour startet am Vorplatz des Bahnhofs Bamberg und führt nach rechts in die Ludwigstraße und weiter in die Coburger Straße. An der Kreuzung mit der Kronacher Straße links die Rampe hoch und anschließend über die Brücke Richtung Kramersfeld fahren. An der ersten Möglichkeit nach Unterqueren des Berlin Rings nach rechts fahren und anschließend links in die Kemmerstraße biegen. Dieser lange folgen, die A73 unterqueren und anschließend rechts Richtung Lichteneiche fahren. An der nächsten Abzweigung links in die Straße Am Rennsteig biegen, über den der Ort wieder verlassen wird. Anfangs auf Teer, kurz darauf auf einem Schotterweg führt die Tour an Kleingärten vorbei und erreicht den Friedhof Fasanerie. An diesem vorbeifahren bis zur Straße und dort nach links Richtung Schloss Seehof. An der Ampel die Straße überqueren und nach rechts zum Eingang von Schloss Seehof fahren. Nach einer Rast weiter zum Parkplatz und dort dem 7-Flüsse-Weg auf einem Wiesenweg um den Schlosspark folgen. Am Seitentor gerade weiterfahren und anschließend links Richtung Pödeldorf und Litzendorf. Es geht an ein paar Weihern vorbei und anschließend auf einem Radweg an der Straße nach Pödeldorf. Am Ortseingang wieder dem 7-Flüsse-Weg nach links folgen und dem Kayweg mit

35 km | 185 | ½–1 Tag

Start: Bahnhof Bamberg

Für welches Wetter geeignet? Trockenes Wetter

Wie viel Schatten? ¼ der Strecke

Geeignet für Fahrradanhänger? Ja, aber teilweise anstrengend!

Steigungen Einige kürzere und steilere Anstiege.

Wegbeschaffenheit Teer, Forst- und Wiesenwege, geschotterte Wege

Spielmöglichkeiten Spielplätze am Schloss Seehof (für kleinere Kinder), Griess-Keller (bei Geisfeld) und Felsenkeller (Rossdorf), in Pödeldorf, Melkendorf, Strullendorf (mit Minigolf, Skaterpark) und Bamberg (Adenauerufer), Bach in Pödeldorf und im Wald zwischen Melkendorf und Geisfeld (an der Wendelinuseiche).

Geeignet ab Jahren 8 Jahre

Anfahrtsbeschreibung A73 Ausfahrt Bamberg Ost, von dort immer gerade aus bis nach den Bahngleisen fahren und rechts zum Bahnhof abbiegen. Parkhaus Atrium auf der rechten Seite, Tiefgarage auf der linken Seite.

ÖPNV DB Bahnhof Bamberg

Parkmöglichkeit Parkhaus am Atrium und Tiefgarage gegenüber dem Bahnhof

Einkehrmöglichkeit Restaurant-Café Schloss Seehof, Schloss Seehof, 96117 Memmelsdorf, Tel. 0951/4071640, **www.schloss-seehof.com**

Griess-Keller, schön gelegener Keller mit Spielplatz und toller Aussicht, Kellerweg 9, 96129 Geisfeld, Tel. 09505/4300719, **www.brauerei-griess.de**

Brauerei Sauer, etwas abseits der Route, Sutte 5, 96129 Roßdorf a. Forst, Tel. 09543/1578, **www.brauerei-sauer.de**

Felsenkeller, schön gelegener Keller mit Spielplatz und Bach, Zum Felsenkeller 1, 96129 Roßdorf a. Forst, Tel. 0173/9049648, **http://rossdorfer-felsenkeller.de**

Almrauschhütte, Am Hauptsmoorwald 3, 96129 Amlingstadt, Tel. 09543/4417799, **www.facebook.com/almrauschhuette**

Kiosk Kunni, Kunigundendamm 67 (Adenauerufer), 96050 Bamberg, Tel: 0951/18326421
www.kiosk-kunni.de

Sonstige Info, Besonderes am Wegesrand

Skulpturenweg „Figur im Fokus". Entlang der Straße zwischen Memmelsdorf und Pödeldorf befinden sich verschiedene Skulpturen.

Erdbeerfeld Pödeldorf

Die Radtour führt am Ortseingang direkt an einem Erdbeerfeld des Erdbeerhofs Schuster vorbei. Mehr Infos unter:
www.erdbeerhof-schuster.de

Mountainbikeregion Heiligenstadt, im Wald zwischen Melkendorf und Geisfeld zweigt die Tour 1 der Mountainbikeregion Fränkische Schweiz–Heiligenstadt zum Geisberg ab. Mehr Infos unter: **www.buttenheim.de/Startseite/Tourismus-und-Brauchtum/Radwege-in-unserer-Region/E1110.htm**

Abkürzungsmöglichkeit: Im Wald zwischen Melkendorf und Geisfeld zweigt ein Radweg nach Bamberg ab (7,5 km).

Bach folgen. Am Ende der Straße links halten und der Hauptstraße folgen. Es geht etwas bergab und anschließend wieder bergauf. Am Ortsausgang links Richtung Melkendorf fahren und dort gleich links in den Wiesenweg biegen. Diesem und anschließend der Geisbergstraße folgen und der Beschilderung „13 Brauereienweg" Richtung Strullendorf folgen. Der Weg steigt an, führt in einen Wald und bietet nochmal schöne Ausblicke über Melkendorf und die Fränkische Toskana. Nun geht es wieder bergab und man kann das Rad schön rollen lassen. In der Senke wäre die Möglichkeit, die Tour abzukürzen und nach Bamberg abzubiegen. Geradeaus geht es nach Geisfeld weiter. Kurz nach der Abzweigung lohnt ein kurzer Stopp am Schild „Zur Wendelinuseiche", da der Bach dort ein wahres Paradies für Kinder ist! Über die Melkendorfer Straße wird Geisfeld erreicht. Am Ende der Straße rechts halten, vorbei am Gasthaus Büttel und der Rechtskurve folgen. Vor dem Brauereigasthof Griess links in die Straße Zum Steinich biegen. Es geht aus Geisfeld raus, vorbei am Griess-Keller, der sehr

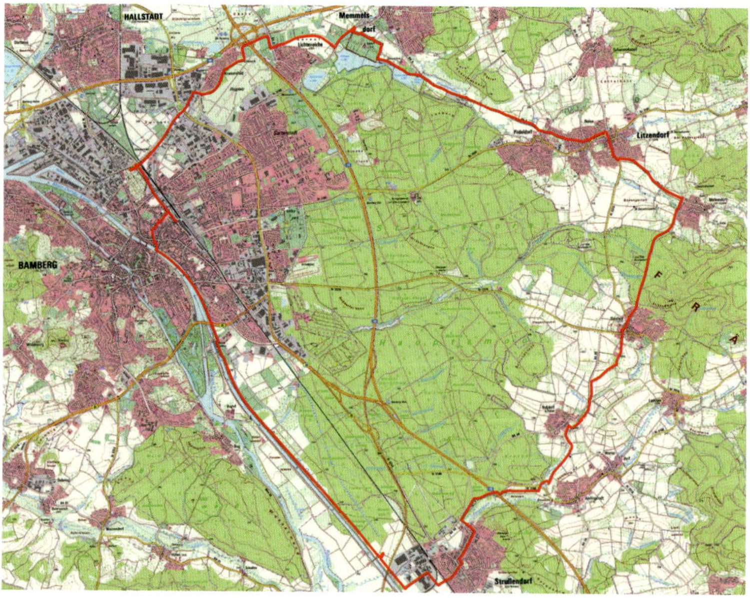

schön von Wiesen umgeben liegt. Kurz darauf rechts Richtung Strullendorf fahren. Am Ende der Straße links halten und weiter nach Roßdorf a. Forst radeln. Nach dem Sportplatz wird eine Straße schräg gequert und es geht zum Roßdorfer Felsenkeller. Nach diesem zweimal links halten und danach rechts. Gemütlich geht es an Feldern vorbei, dann macht die Strecke eine scharfe Linkskurve und führt an der Almrauschhütte vorbei. Hier die Straße überqueren und dem Radweg zwischen den Feldern nach Strullendorf folgen. An der Hauptsmoorstraße links halten und nach dem Spielplatz links in den Mühlberg Richtung Ortsmitte fahren. Weiter nach rechts und der Lindenallee folgen und nach links in die Bamberger Straße biegen. Gleich wieder rechts in den Stockweg biegen und diesem über die Bahngleise folgen. Kurz darauf zweigt nach rechts der Weg Richtung Bamberg ab und führt durch die Siemensstraße zum Main-Donau-Kanal. Dort rechts halten und dem Weg bis zur Schleuse folgen. Ab Rentnersruh, ein paar Bänken am Waldrand, besteht die Möglichkeit, auf der Dammkrone (Schotter) oder unterhalb des Damms (Teer) zu fahren. An der Schleuse schräg gegenüber ans Adenauerufer fahren und diesem bis nach der Luitpoldbrücke folgen. Über die kleine Rampe in die Tränkgasse fahren und in der Königstraße schräg links in die Letzengasse. Am Ende rechts und anschließend wieder links in die Spitalstraße und weiter in die Klosterstraße. An der Ampel rechts zum Bahnhof abbiegen. Nach kurzer Zeit wird das Ziel, der Bahnhof Bamberg, erreicht.

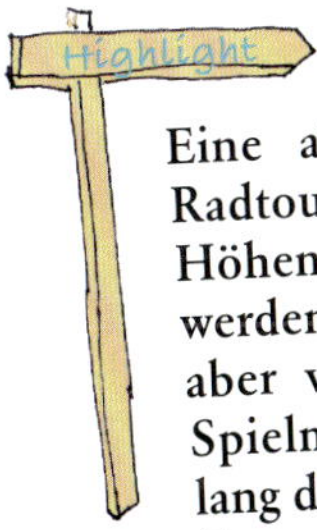

Eine abwechslungsreiche Radtour, bei der ein paar Höhenmeter überwunden werden müssen. Sie bietet aber viele Einkehr- und Spielmöglichkeiten entlang des Weges, sodass die Tour für Kinder sehr spannend ist.

Höhenprofil

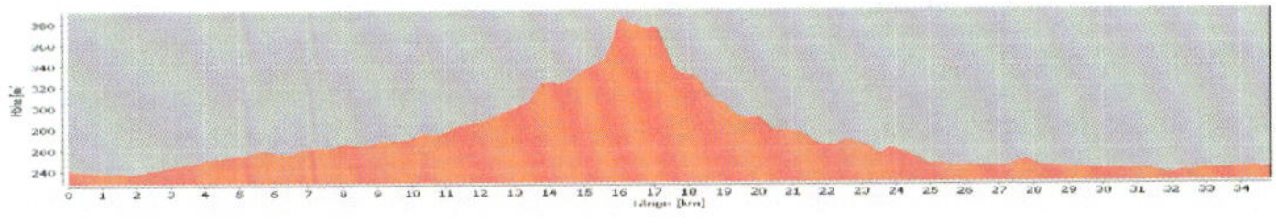

30 Von Schweinfurt bis nach Kitzingen

Eine etwas längere Radtour, die gemütlich durch Mainfranken mit den vielen Weinbergen am Main entlangführt. Ideal, um auf zwei Tage aufgeteilt oder bis Würzburg verlängert zu werden.

97422 Schweinfurt;
Karl-Georg-Krug-Promenade

Direkt am Bahnhof verläuft der sehr gut ausgeschilderte Mainradweg, dem die Tour folgt. In Schweinfurt führt die Route immer flussabwärts am Main entlang, bis die A70 unterquert wird. Kurz danach folgt eine Rechtskurve und vor der Autobahn wieder eine Linkskurve. Nach einer kurzen Passage entlang der Autobahn geht es nach links wieder weg von dieser. Über die Goethestraße, Am Langen Graben und die Jahnstraße wird Bergrheinfeld durchquert. Weiter geht die Tour nach Garstadt und führt dort nach einer Abzweigung nach links wieder zum Main. Es geht dann nach Süden Richtung Dächheim und Wipfeld, wo der Main mit der Fähre überquert wird. Nach der Fähre führt die Tour an der Straße entlang bis zur nächsten Kreuzung und zweigt hier nach rechts Richtung Stammheim ab. Durch den Ort und weiter geht es am Main entlang, bis Schiffmühle erreicht wird. Nun ist es nur noch ein kurzes Stück bis nach Fahr an der Mainschleife. Nach Erreichen der Mainfähre geht es in einer lang gezogenen Linkskurve zu den Weinbergen, an denen der Mainradweg bis Volkach entlangläuft.

Kurz vor dem Ort wird die Wallfahrtskapelle Maria im Weinberg erreicht, die sehr schön in den Weinbergen liegt. Am Ortseingang rechts abbiegen und anschließend am

62,5 km (30 km/32,5 km) | 330 | Tagestour bzw. 2-Tagestour

Start: Bahnhof Schweinfurt-Stadt, Karl-Georg-Krug-Promenade
Für welches Wetter geeignet? Trockenes Wetter
Wie viel Schatten? Kein Schatten
Geeignet für Fahrradanhänger? Ja
Steigungen Eine größere Steigung zur Vogelsburg an der Mainschleife, sonst nur sehr moderate Steigungen.
Wegbeschaffenheit Teer- und Betonplatten, einzig am Freibad Volkach Schotterweg
Spielmöglichkeiten Spielplätze in Bergrheinfeld, Wipfeld, Nordheim (mit Strand), Dettelbach (etwas abseits des Weges) und Kitzingen
Geeignet ab Jahren 6 Jahre
Anfahrtsbeschreibung A70 bis zur Ausfahrt Gochsheim. Der Gerolzhofer und Schweinfurter Straße nach Schweinfurt folgen und über die Maxbrücke auf die Nordseite des Mains fahren. 2 x rechts fahren und in die Alte Bahnhofstraße biegen und bis zum Bahnhof Schweinfurt-Stadt fahren.
ÖPNV DB Regio bis Bahnhof Schweinfurt-Stadt am Ausgangspunkt und am Endpunkt in Kitzingen. Rückfahrt zum Ausgangspunkt auch mit DB Regio möglich (Umsteigen in Rottendorf)
Parkmöglichkeit Parkmöglichkeiten am Bahnhof Schweinfurt-Stadt
Einkehrmöglichkeit
Mainterrassen bei Lakis, Obereisenheimer Straße 15, 97537 Wipfeld, Tel. 09384/331, **http://mainterrassen-wipfeld.de**
Gasthof zur Mainfähre, Maingasse 2, 97332 Volkach-Fahr, Tel. 09381/3385
Restaurant Vogelsburg, sehr schöne Terrasse mit einzigartigem Ausblick, Vogelsburg 1, 97332 Volkach, Tel. 9381/7108970, **www.vogelsburg-volkach.de**
In nahezu allen Orten entlang des Mainradwegs gibt es weitere Einkehrmöglichkeiten.

Freibad vorbeifahren. Für einen Abstecher ins Zentrum von Volkach kurz danach links halten und Richtung Parkplatz und Hindenburgpark fahren. Über die Georg-Berz-Straße wird der Marktplatz mit seinem Brunnen erreicht. Rechts in die Hauptstraße biegen und dieser bis zur Bahnhofstraße folgen. Erneut rechts fahren und der Straße bis zum Parkplatz folgen. Nun links halten und die Rampe zur Brücke über den Main nutzen, um auf die andere Mainseite nach Astheim zu gelangen. Nach einem kurzen Stück an der Straße verläuft auf der linken Seite parallel zu dieser der Radweg und steigt zur Vogelsburg an. Er geht immer geradeaus, bis oben auf dem Berg der Parkplatz der Vogelsburg erreicht wird.

Hier lohnt eine Pause, um den einzigartigen Ausblick über die Mainschleife zu

Übernachtungsmöglichkeit Über die Website **www.bettundbike.de** lassen sich viele Unterkünfte finden, die direkt am Mainradweg liegen.
Campingplatz Escherndorf, An der Güß 9a, 97332 Volkach-Escherndorf, Tel. 09381/2889, **www.campingplatz-mainschleife.de**
Camping Katzenkopf, Am See 7, 97334 Sommerach, Tel. 09381/9215, **www.camping-katzenkopf.de**
Schiefer Turm Campingplatz, Marktbreiter Straße 20, 97318 Kitzingen, Tel. 09321/33125, **www.camping-kitzingen.de**

Sonstige Info, Besonderes am Wegesrand
In Kitzingen lädt das ehemalige Landesgartenschaugelände direkt am Main und die Mondseeinsel mit Freibad zum Verweilen ein.
Die Tour auf dem Mainradweg kann über Marktbreit, Ochsenfurt und Sommerfurt bis Würzburg verlängert werden (etwa 40 km).
Für die Tour wird das Mitführen einer Tourenkarte oder eines Radtourenbuchs zum Mainradweg empfohlen!

genießen! Die Tour führt vom Parkplatz nach links weiter in den Weinberg und an der nächsten Möglichkeit wieder nach rechts. Nach einer Linkskurve verläuft der Radweg nochmals parallel zur Straße und geht wieder bergab. Am Ende des Weinbergs zweimal links halten und der Straße nach Escherndorf folgen. Immer gerade durch den Ort fahren bis zur Mainfähre nach Nordheim, mit der die Mainseite wieder gewechselt wird. In Nordheim gerade in den Ort fahren und rechts in die Langgasse biegen, über die der Ort wieder verlassen wird. Gemütlich geht es nun zwischen Main und Weinbergen bis Sommerach weiter. Kurz vor dem Ort links halten und durch den Weinberg fahren. An der nächsten Möglichkeit rechts halten und über die Straße Zum Katzenkopf nach Sommerach fahren. Entlang der Hauptstraße führt die Route durch den Ort. Kurz vor dem Ortsende links halten, in die Frankenstraße fahren und anschließend gleich rechts in Straße Am Leitersberg biegen. Nun geht es geradeaus weiter und der Main-Kanal wird überquert. Nach einer Linkskurve zweigt der Mainradweg nach rechts ab und es geht weiter nach Gerlachshausen. Auf einer Nebenstraße geht es am Ortsrand entlang. Am Ende der Straße rechts fahren und anschließend gleich links in die Abt-Plazidus-Straße biegen. Gerade geht es bis zur Sonnenstraße, hier nun rechts und gleich wieder links nach Münsterschwarzach fahren, das in Schwarzach am Main übergeht. An der Kreuzung im Zentrum rechts halten und bis zum Kreisverkehr mit der B22 fahren. Die erste Ausfahrt nehmen und über die Mainbrücke fahren. Weiter geht es nun nach Dettelbach. Am Supermarkt die Straße überqueren und wieder zum Main fahren. Der Radweg verläuft nun am Fluss weiter, es wird die A3 unterquert und Mainstockheim erreicht. Ge-

rade geht es durch den Ort und weiter Richtung Kitzingen. Am Main entlang werden die Nordbrücke, die Alte Mainbrücke und die Konrad-Adenauer-Brücke unterquert, bevor es vor den Bahngleisen nach rechts zum Bahnhof geht. Dem Radweg bis zur Straße folgen, rechts halten und weiter nach links fahren. Über den Amalienweg wird das Ziel, der Bahnhof in Kitzingen erreicht.

Neben den Mainfähren und den vielen Stellen, um dem Treiben auf dem Wasser zuzusehen, hat uns die Vogelsburg mit dem Panoramablick besonders gut gefallen.

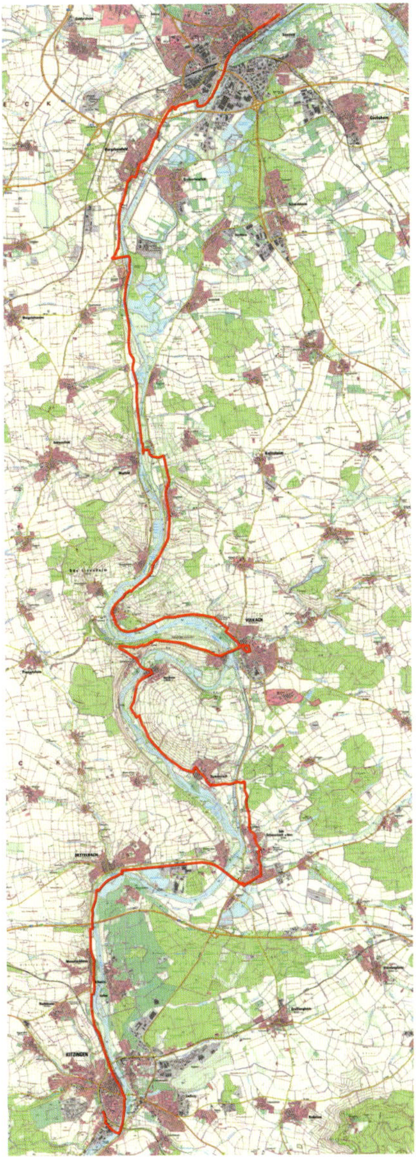

Höhenprofil

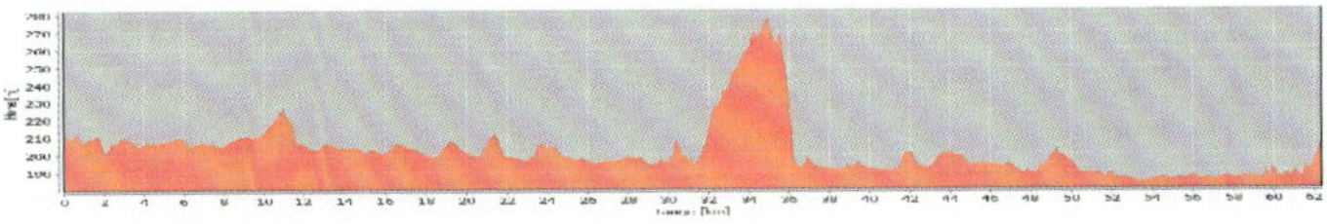

31 Mountainbike-Tour am Main entlang

16,1 km | 106 | 2 Std. | ●

Start: Mainbrücke Hallstadt
Für welches Wetter geeignet?
Trockenes Wetter zu jeder Jahreszeit
Wie viel Schatten? Ein Drittel der Strecke schattig, Rückweg sehr sonnig
Geeignet für Fahrradanhänger? Nein (erster Teil der Strecke ist zu schmal!)
Steigungen Wenige, moderate Steigungen im ersten Streckenabschnitt
Wegbeschaffenheit Teer, schmale Waldwege, Forst- und Wiesenwege
Spielmöglichkeiten Spielplätze am Diller- und Wagner-Keller, Wald, Bademöglichkeiten an den Seen bei Baunach
Geeignet ab Jahren 8 Jahre
Anfahrtsbeschreibung Von der Hauptstraße durch Hallstadt an der Ampel in die Mainstraße biegen und bis zur Mainbrücke fahren.
ÖPNV Bahnhof Hallstadt (Wegverlängerung etwa 2 km einfach). Vom Bahnhof der Bahnhofstraße bis zur Ampel an der Hauptstraße fahren. Weiter siehe Anfahrtsbeschreibung
Parkmöglichkeit Am Straßenrand in den Seitenstraßen, auch in Dörfleins auf der anderen Mainseite.
Einkehrmöglichkeit
Diller-Keller, Am Kreuzberg 1, 96103 Hallstadt, Tel. 0175/5280071
Wagner-Keller, direkt an der Route bei Kemmern, Tel. 01522/7354097,
https://wagnerkeller.de/
Landgasthof Leicht, Mittelstr. 2, 96164 Kemmern, Tel. 09544/5030,
www.landgasthof-leicht.de
Diverse Möglichkeiten in Baunach
Sonstige Info, Besonderes am Wegesrand
Für die teilweise sehr schmalen und mit Wurzeln versehenen Wege im Wald benötigen die Kinder fahrerisches Können. Entlang des Weges nach Baunach lohnt ein kurzer Abstecher zur Helenenkapelle. Dort laden überdachte Tische und Bänke zu einer Brotzeit ein.

Eine abwechslungsreiche Tour erwartet die kleinen Mountainbikefahrer, die gut zu bewältigen ist und keine größeren Steigungen aufweist.

96103 Hallstadt;
Mainbrücke

Die Radtour startet an der Mainbrücke Hallstadt und führt über den Fluss nach Dörfleins. Nach der Brücke rechts in den Ellerweg biegen und weiter der Mainleite folgen. Am Waldrand (Bänke und Tische) liegt links etwas erhöht der Diller-Keller. Die Fahrt führt hier nach rechts Richtung Kemmern und Baunach und folgt dem 7-Flüsse Radweg. Parallel zum Main verläuft die Tour anfangs noch auf Teer, bevor es auf einem schmaleren Wald- und Wiesenweg weitergeht. Am Waldrand entlang wird nach etwa 2,5 km der Wagner-Keller erreicht, von dem aus es weiter gerade zum Leichts-Keller geht. Nach dem Keller macht der Radweg eine Rechtskurve und führt wieder zum Main. Hier links halten und auf einem Schotterweg am Fluss fahren. Nach ein paar Minuten macht die Strecke eine Linkskurve, steigt etwas an und führt wieder in den Wald. Nach einer Rechtskurve geht es in einem ständigen Auf und Ab direkt am Main entlang bis zur B279 bei Baunach. Hier links bis in den Ort fahren und nach einer kleinen Brücke rechts in den Zentweg biegen. Weiter über den Marktplatz und rechts in die Mühlgasse, bis links eine Brücke abzweigt, über die der Ort wieder verlassen wird. Nach dieser rechts und weiter an der Kläranlage vorbei, anschließend links halten. Vor den Bahngleisen rechts einem Wiesenweg bis zur Mainbrücke folgen und den Fluss überqueren. Den Weg zwischen

Fluss und Seen weiterfahren und an der nächsten Abzweigung links halten. Die Tour führt an Förderbändern vorbei und kurz darauf wieder links abbiegen und anschließend rechts halten, um so den Gewerbepark Breitengüßbach zu erreichen. Nach rechts der Straße folgen, bis links der Radweg abzweigt. Über diesen die B279 und Autobahnauffahrt unterqueren und links abbiegen. Über Feldwege wird nun der Wachholderweg in Kemmern erreicht. Am Ende der Straße rechts in die Breitengüßbacher Straße fahren und dieser bis zur Kirche folgen. Hier gerade über den Platz und der Mainstraße bis zum Ortsende folgen. Auf einem geteerten Radweg geht es nun am Main entlang und über Felder zurück nach Hallstadt. Am Ortseingang 2 x rechts halten, anschließend links in die Mühlhofstraße biegen, über die der Ausgangspunkt an der Mainbrücke erreicht wird.

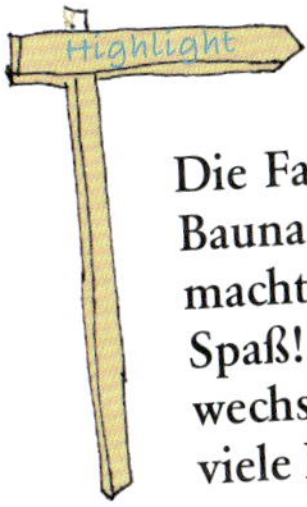

Die Fahrt von Dörfleins nach Baunach durch den Wald macht den Kindern richtig Spaß! Die Strecke ist sehr abwechslungsreich und bietet viele Einkehrmöglichkeiten.

Höhenprofil

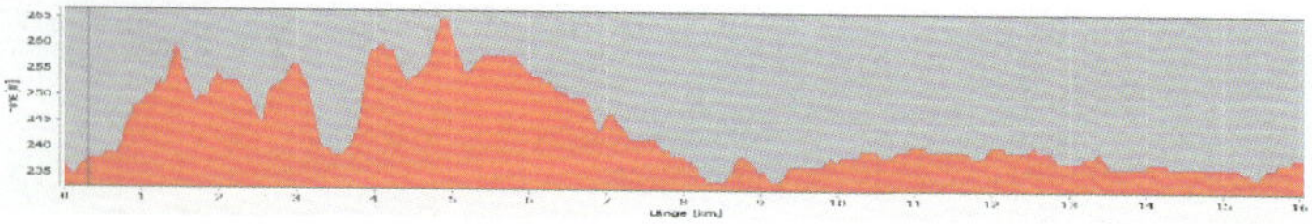

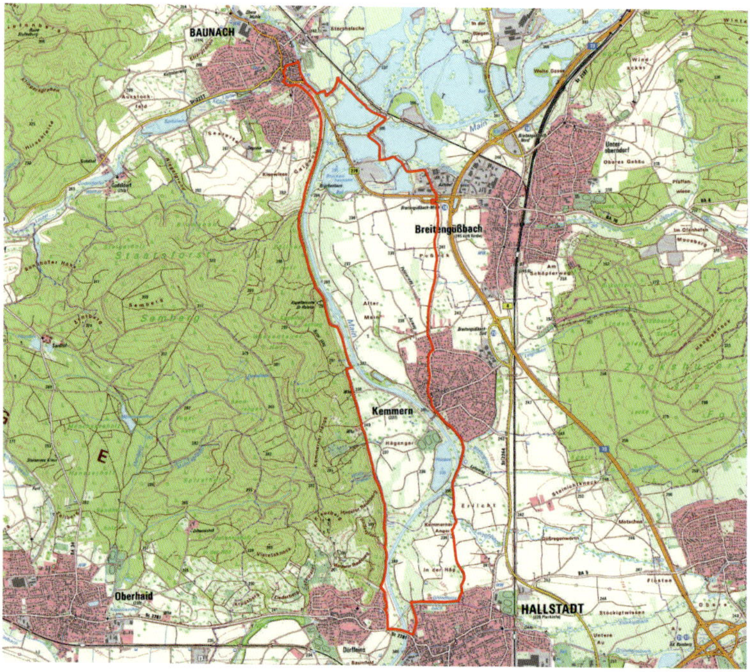

Wein-Main-Radtour

32

38,5 km | 80 | mind. ½ Tag

Eine leichte und flache Radtour entlang des Mains und der Weinberge mit vielen Naturbeobachtungsmöglichkeiten. Durch die guten Kombinationsmöglichkeiten von Bahn und Rad bietet die Tour viele Variationsmöglichkeiten.

96103 Hallstadt,
Bahnhof, Bahnhofstraße

Vom Bahnhof aus der Bahnhofstraße folgen, erst nach rechts und anschließend nach links. Nun verläuft die Straße direkt an einem kleinen Kanal und führt auf eine Ampel zu. Hier schräg links in die Mainstraße fahren und dieser bis zur Mainbrücke folgen. Nun wird Hallstadt verlassen und es geht entlang der Hauptstraße durch Dörfleins. Am Ortsausgang führt der Radweg etwas abseits parallel zur Straße am Hannla Keller vorbei und erreicht Ober-

Start: Bahnhof Hallstadt, Bahnhofstraße
Für welches Wetter geeignet?
Trockenes Wetter
Wie viel Schatten? kein Schatten
Geeignet für Fahrradanhänger? Ja
Steigungen Kaum Steigungen, nur vereinzelte kleinere Hügel
Wegbeschaffenheit Teer, gepflasterte und Betonwege
Spielmöglichkeiten Spielplätze am Ortsausgang von Oberhaid und Staffelbach, verschiedene Naturbeobachtungsmöglichkeiten
Geeignet ab Jahren 8 Jahre
Anfahrtsbeschreibung A70 Ausfahrt Hallstadt, Bamberger Straße in den Ort fahren, an der zweiten Ampel rechts in die Bahnhofstraße biegen und dieser bis zum Bahnhof folgen.
ÖPNV DB Regio Hallstadt bei Bamberg
Parkmöglichkeit Am Bahnhof Hallstadt
Einkehrmöglichkeit Hannla Keller, schöner Ausblick auf das Maintal, mit Spielplatz, zwischen Dörfleins und Oberhaid, 96173 Oberhaid, Öffnungszeiten: bei schönem Wetter von Mai bis Oktober
Schwarzer Adler Bräu Stettfeld, Hauptstraße 19, 96188 Stettfeld, Tel. 09522/369,
www.adlerbraeu-stettfeld.de
Achtung: Samstag Ruhetag!
Eisdiele Ebelsbach, Stettfelder Str. 4, 97500 Ebelsbach, Tel. 09522/950352
Weitere Einkehrmöglichkeiten in Ziegelanger, Zeil am Main, Augsfeld und Haßfurt
Übernachtungsmöglichkeit Campingplatz Sand am Main, direkt am See gelegen, Pappelallee 7, 97522 Sand am Main,
www.campingplatz-sand-am-main.de
Campingplatz Naturfreunde Haßfurt, direkt am Main gelegen, Am Hafen 8, 97437 Haßfurt,
www.naturfreunde-hassfurt.de
Sonstige Info, Besonderes am Wegesrand
Mainaue bei Ziegelanger
Kurzer Naturerlebnispfad am Main. Etwas ab-

seits des Radweges bei Ziegelanger. Kurz nach dem Sportplatz links über die Bahngleise fahren, dann Richtung Zeil und links zum Main (ausgeschildert).

Life-Naturerlebnispfad Sand am Main

Etwa 100 Meter abseits des Radweges gelegener Aussichtsbereich und Wanderweg mit vielen Tafeln zu den Tieren in den Mainauen. Ideal für eine Pause!

Mehr Infos unter: **www.sand-am-main.de/index.php?id=17939**

Augsfelder Baggersee (Kleidersee) mit Campingplatz, etwas abseits des Radweges liegt der Kleidersee, in dem gebadet und an dem gecampt werden kann.

Aussichtsturm am Sichelsee

Am Alten Main lässt sich von einem Aussichtsturm die umliegende Landschaft und die Tierwelt am Wasser gut beobachten. Es lohnt sich, ein Fernglas mitzunehmen!

Erlebnisbad Haßfurt

Ideal für eine Abkühlung nach der Tour. Besondere Attraktion ist die 127 Meter lange Wasserrutsche. **Navi:** Großer Anger 33, 97437 Haßfurt, Tel. 09521/94570

Mehr Infos unter:

www.stadtwerkhassfurt.de/erlebnisbad

Durch die verschiedenen Bahnhöfe entlang der Strecke kann die Tour problemlos an verschiedenen Orten begonnen oder beendet werden. Von Haßfurt ist die Rückfahrt mit dem Zug oder entlang des Mainradweges möglich. Mit dem Rad ist die Strecke nach Bamberg/Hallstadt etwa 37 km.

haid. Im Ortszentrum zweigt nach dem Dr.-Hau-Platz die Weinradweg-Ausschilderung nach rechts in die Sauerstraße ab. Dieser folgen und links in die Friedrich-Ebert-Straße biegen, die zum Sportplatz und aus dem Ort führt. Entlang der Bahnlinie geht es weiter Richtung Unterhaid. An der Bahnunterführung geradeaus weiterfahren und nicht der Beschilderung folgen! Es geht weiter an Feldern vorbei, unter der A70 hindurch wird Staffelbach erreicht. Im Ort dem Wegweiser zum Sportplatz nach links folgen und in die Mainstraße biegen. Nach Überqueren der Gleise wird die Kanuanlegestelle erreicht und die Tour führt nach rechts am Main entlang. Der Beschilderung folgend geht es an Baggerseen vorbei und über die Autobahn nach Stettfeld. Der Bahnhofstraße bis zur Hauptstraße folgen, hier links und am Ortsausgang wieder links Richtung Bahngleise und an diesen bis Ebensfeld entlangfahren. Dort links halten, an der St.-Anna- Kirche wieder links fahren und der Georg-Schäfer-Straße folgen. Links durch die Unterführung in die Bahnhofstraße und über diese Straße Ebensfeld wieder verlassen. An Weinbergen entlang führt die Tour nun Richtung Ziegelanger und Zeil am Main. Am Bahnhof rechts und gleich wieder links in den Mittelweg biegen. Anschließend links in die Sander Straße und dieser über den Main und weiter nach Sand am Main folgen. An der ersten Abzweigung rechts fahren und anschlie-

ßend gleich wieder links in die Seestraße biegen. Nach dem Parkplatz rechts der Pappelallee folgen und am Campingplatz vorbeifahren. Am Ende der Straße rechts und anschließend links über eine schmale Brücke mit Wegweiser Knetzgau fahren. Diesem Weg und der anschließenden Teerstraße folgen. Kurz vor der nächsten Abzweigung führt ein Feldweg zum Life-Naturerlebnispfad. An der Abzweigung rechts fahren und dem Radweg über den Main folgen und anschließend links unter der Straße hindurch. Achtung, die Durchfahrt ist sehr niedrig! Der Weg mündet in eine Straße, dieser nach links Richtung Augsfeld folgen. An der Kreuzung vor dem Ort links fahren und anschließend wieder rechts. Entlang von Feldern wird der Aussichtsturm am Sichelsee erreicht, bei dem sich eine Rast lohnt. Am Alten Main verläuft die Tour nun weiter, passiert den Flugplatz Haßfurt und erreicht über die Flugplatzstraße Haßfurt. Am Ende der Straße links in die Straße Am Ziegelbrunn fahren und an der Kirche links abbiegen. Über die Obere Vorstadt wird das Zentrum erreicht. Nach rechts in die Bahnhofstraße biegen und bis zum Ziel der Tour am Bahnhof fahren.

Uns haben die verschiedenen Naturerlebnispfade, aber auch die vielen Bademöglichkeiten gut gefallen. Badesachen und Fernglas nicht vergessen!

Höhenprofil

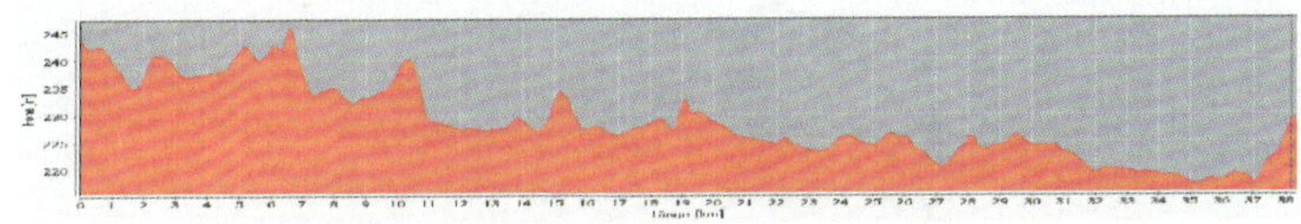

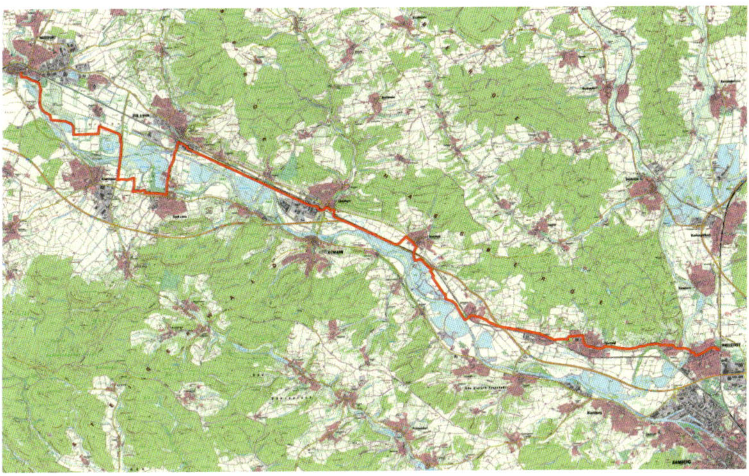

Klettern

Klettern mit Kindern

Klettern ist ein Sport, den bereits Kinder ab einem Alter von 3 bis 4 Jahren ausüben können. Die Fränkische und Hersbrucker Schweiz zählen zu den Top-Kletterrevieren weltweit. Etwa 800 Kletterfelsen gibt es in der Region. Allerdings sind nur ausgewählte Routen und Felsen auch für Kinder geeignet. Bei unserer Auswahl war es uns wichtig, dass sowohl die Routen am Fels kindgerecht sind, als auch die Lage der Felsen für die kleinen Kletterer passend sind. Aus diesem Grund beschränken wir uns hier auf wenige Klettermöglichkeiten und geben zudem Tipps für Kletteranfänger.

Beim Klettern sollte beachtet werden, dass Kinder nicht den ganzen Tag oder über Stunden hinweg klettern. Sie wollen nebenbei auch spielen und die Landschaft erkunden. Kinder verlässt zudem nach einer gewissen Zeit die Kraft, sodass Klettern gefährlich wird. Bitte achtet darauf, überfordert die Kinder nicht und baut entsprechend viele Pausen ein! Der Sport kann das ganze Jahr über ausgeübt werden. Wichtig ist nur, dass der Fels trocken ist!

Kletterkurse

Bevor es eigenverantwortlich mit den eigenen Kindern an den Fels geht, sollten Eltern einen Kletterkurs absolvieren. Bei den Kursen werden das Sichern, der Vorstieg und das Klettern am Fels geübt. Erwachsene sollten für einen Kletterkurs mindestens zwei Tage einplanen, um alle wichtigen Punkte für das Klettern kennen zu lernen.

Die Gruppengröße sollte 6 Personen nicht übersteigen. Kletterkurse werden sowohl von kommerziellen Anbietern als auch vom Deutschen Alpenverein angeboten. Beim DAV muss die Ausrüstung meist extra geliehen werden.

Inhalte bei einem Anfängerkletterkurs

Anseiltechniken
Welche Anseilmethode wird verwendet? Anseilen mit einem Hüftgurt oder mit einem Hüftgurt und Brustgurt. Welche Vor- und Nachteile bieten die einzelnen Methoden und wie funktioniert das Einbinden der Gurte. Ein Hüftgurt wird beim Sport- oder Alpinklettern verwendet, bei Kindern bis 7 Jahren wird die kombinierte Anseilmethode aus Hüft- und Brustgurt bzw. Komplettgurt empfohlen.

Sicherungstechniken
Das Sichern von Kletterern ist eine sehr verantwortungsbewusste Aufgabe, denn man begibt sich in die Hände eines Anderen. Es geht um die Anseilknoten, um Sicherungsmittel, die Stellung des Sichernden und natürlich auch die Seillängen.

Klettertechniken
Beim Klettern werden die Hände gefordert, daher ist die richtige Greiftechnik gefragt. Wie schaffe ich es, möglichst viel Gewicht auf die Füße zu bringen, um die Hände und Arme zu entlasten? Wie spare ich meine Kräfte und wo finde ich Rastpunkte, an denen die Arme entlastet werden können?

Selbständiges Klettern im Toprope
Diese Methode gehört zum Basiswissen beim Klettern und eignet sich gerade für Einsteiger. Hierbei kommt das Seil von oben und der Sichernde sichert über sein Körpergewicht, was bei Kindern besonders gut funktioniert.

Inhalte bei einem Fortgeschrittenen (Vorstiegs)Kletterkurs

Intensivieren der Klettertechnik
Vertiefung der Kenntnisse aus dem Anfängerkletterkurs.

Klettern und Sichern im Vorstieg
Im Gegensatz zum Toprope-Klettern birgt das Klettern im Vorstieg ein echtes Sturzrisiko und sollte daher sorgfältig geübt werden. Wichtig ist, dass das Seil immer zwischen Wand und Körper entlangführt. Es geht um richtiges Einhängen des Seils in die Zwischensicherungen und um die möglichen Gefahren. Der Sicherungspartner sollte viel Erfahrung im Sichern haben und das Seil flüssig einholen und ausgeben und einschätzen können, wie viel Seil der Kletterer benötigt.

Materialkunde
Was benötigt man für das Klettern in der Halle bzw. am Fels? Welche Sicherungsgeräte gibt es und was sind die jeweiligen Besonderheiten? Auf was muss bei Karabiner geachtet werden? Beide Kurse können sowohl in der Kletterhalle als auch draußen am Fels absolviert werden.

Benötigte Ausrüstung

Um zu Klettern, egal ob in der Halle oder am Fels, wird eine entsprechende Kletterausrüstung benötigt. Beim Kauf der Kletterausrüstung sollte unbedingt auf eine fachmännische Beratung in einem Fachgeschäft geachtet werden!

Hüftsitzgurt / für Kinder unter 7 Jahren ist ein Komplettgurt empfohlen
Mit dem Gurt wird das gesicherte Klettern am Seil ermöglicht. Der Gurt sollte bequem zu tragen sein und nicht einschnüren. Für die Anprobe sollte ausreichend Zeit in einem Fachgeschäft eingeplant werden.

Kletterschuhe
Die Gummisohlen von Kletterschuhen verbessern den Halt, man bekommt ein Gefühl für die Fußtechnik und das Stehen auf kleinen Tritten. Wichtig ist, dass die Kletterschuhe eng, aber bequem am Fuß sitzen.

Helm
Der Helm schützt den Kopf und soll aber auch angenehm zu tragen, nicht zu schwer und einfach in der Bedienung sein.

Sicherungsgerät (empfohlen Halbautomat oder Autotuber)
Halbautomaten und Autotuber haben eine höhere Toleranz bei Fehlern, was diese Sicherungsgeräte gerade für Kletteranfänger interessant macht. Der Autotuber ist in der Anschaffung günstig und von Kindern leicht zu bedienen. Zudem ist er seilschonend. Halbautomaten sind komplizierter in der Bedienung, blockieren das Seil aber selbstständig und sind daher sehr sicher.

Bandschlinge 60 cm und 120 cm
Die Bandschlingen werden als Verlängerung zwischen Haken und Karabiner verwendet. Es gibt sie aus verschiedenen Materialien angeboten.

2 HMS-Verschlusskarabiner

Kletterseil
Für das Klettern am Fels sind heutzutage 60 Meter Standard. In der Halle reichen auch kürzere Seile mit 40 Meter. Das Kletterseil dehnt sich im Falle eines Sturzes etwas, um so Stürze abfangen zu können. Die Seile werden mit verschiedenen Durchmessern angeboten: Dünnere Seile sind zwar leicht, verschleißen aber eher und dickere Seile sind zwar robust, aber auch schwerer.

Kosten
Alles in allem kommt man auf einen Preis von ca. 500 Euro. Allerdings sollte man bedenken, dass die Kletterausrüstung über viele Jahre verwendet werden kann und nicht jeder alles braucht.

Ziele mit Kindern

Am Fels

33 Kemitzenstein

Der Kemitzenstein im Gemeindegebiet von Bad Staffelstein ist ein idealer Kletterfelsen zum Einstieg mit Kindern. Die Felsen sind 10–15 Meter hoch und bieten kürzere und leichte Routen. Durch die angrenzende Wiese und die vielen kleineren vorgelagerten Felsen ist der Kemitzenstein auch ein

idealer Outdoorspielplatz! Direkt am Fels befindet sich eine Schutzhütte der Naturfreunde.
Anfahrt: Von Wattendorf Richtung Bad Staffelstein bis Kümmersreuth und dort der Ausschilderung zum Kemitzenstein folgen.

34 Winterseite Burglesau

Kleines schattiges Klettergebiet im Wald gelegen. Die Felsen sind ca. 10–20 Meter hoch und bieten schöne leichte Touren für Kinder und Anfänger. Auch erfahrene Kletterer kommen hier auf ihre Kosten. Der Zugang ist für Kinderwagen geeignet.
Anfahrt: Von Scheßlitz Richtung Burglesau, in der Ortsmitte rechts abbiegen und der Straße ca. 1,5 km bis zum Wanderparkplatz folgen. Hier parken und nun zu Fuß der Straße noch 20 Meter bergauf folgen und den ersten Weg links in den Wald abbiegen. Nach ca. 350 Meter führt ein Pfad nach links bergab zu den Felsen.

35 Förstelsteinkette

Klettergebiet mit vielen leichten Touren, die sehr gut abgesichert sind. Die Felsen sind zwischen 8 und 12 Meter hoch. Im Laubwald gelegen mit viel Platz zum Spielen.

Anfahrt: Von Stadelhofen (bei Gößweinstein) Richtung Allersdorf und etwa 150 Meter nach dem Ort auf der linken Seite parken. Dem Forstweg 30 Meter in den Wald folgen und rechts einen Pfad steil bergauf zu den Felsen, ca. 100 Meter.

Kletterparks und Indoor-Kletter- bzw. Boulderhallen

In den letzten Jahren ist eine Vielzahl an Klettergärten entstanden. Gerade zum Ausprobieren sind diese hervorragend geeignet, allerdings auch kostspielige Ausflugsziele. Mit Kindern im Alter von unter 5 Jahren ist im Vorfeld allerdings zu klären, ob diese dort Klettern dürfen. Zudem sollte darauf geachtet werden, ob es eine zeitliche Begrenzung gibt.

36 Kletterwald am Ochsenkopf

Der Kletterwald ist fußläufig von der Talstation der Nordseilbahn gut zu erreichen. In dem kleineren Hochseilgarten können Kinder ab 3 Jahren klettern. Für die Kleinsten werden 2 Parcours angeboten, für die größeren geht es bis zu 25 Meter in die Höhe.

Öffnungszeiten und weitere Infos unter:
www.oxenkopf.de

Anfahrt: B303 bis Bischofsgrün und der Ausschilderung zur Seilbahn folgen. Parkmöglichkeiten direkt an der Station.

Navi: Fröbershammer 27, 95493 Bischofsgrün

ÖPNV: VGN Freizeitlinien 329 (Bayreuth – Fichtelberg) und 369 (Bayreuth – Bischofsgrün)

37 Kletterwald Pottenstein

Der Kletterwald liegt etwas außerhalb von Pottenstein im Wald und bietet zudem einen großen Biergarten und Spielplatz. In Pottenstein dürfen Kinder ab 4 Jahren bzw. 1,10 Meter Körpergröße in Begleitung von Erwachsenen klettern. Für die Kleinsten werden 4 Parcours angeboten. Eine besondere Attraktion ist der „Flying Fox", eine 250 Meter lange Seilbahn über den Biergarten.

Öffnungszeiten und weitere Infos unter:
https://kletterwald-pottenstein.de

Anfahrt: B470 bis Pottenstein und in die Straße Am langen Berg fahren. An der ersten Kreuzung links Richtung Golfplatz und Kletterwald abbiegen und weiter bis zum Kletterwald.

Navi: Weidenloh 100, 91278 Pottenstein

38 Kletterwald Veilbronn

Hoch über dem Leinleitertal liegt der Kletterwald Veilbronn sehr schattig im Wald. Die 10 Parcours sind für Kinder ab 5 Jahren geeignet und verlaufen

in einer Höhe bis zu 16 Metern. Für besonders Mutige wird der Rittersprung, ein Freifallsprung aus 13 Meter Höhe angeboten. In nächster Nähe liegt das bewirtete Naturfreundehaus, von dessen Terrasse sich ein super Ausblick über das Tal bietet!

Öffnungszeiten und weitere Infos unter:
www.proalpin-kletterwald.de

Anfahrt: B470 Ebermannstadt–Streitberg bis zur Abzweigung Leinleitertal/Heiligenstadt und der Straße bis Veilbronn folgen. Kurz nach dem Ort rechts nach Siegritz abbiegen, im Ort wieder rechts Richtung Leidingshof fahren und der Beschilderung Naturfreundehaus folgen.

Navi: 91332 Siegritz und weiter der Beschilderung folgen.

39 Waldklettergarten Banz

Nahe dem Kloster Banz liegt der Waldklettergarten hoch über dem Oberen Maintal. Kinder ab 6 Jahren können beim Einsteigerparcoure in Begleitung der Eltern erste Klettererfahrungen sammeln. Für die Größeren stehen vier weitere Parcours zur Verfügung, die bis zu 13 Meter hoch sind und als Highlight den fast 90 Meter langen „Flying Fox“ haben. Neben dem Klettern lohnt sich auch ein Besuch des Klosters bzw. eine Wanderung in den schönen Wäldern der Umgebung, z.B. auf dem Planetenweg

Öffnungszeiten und weitere Infos unter:
www.waldklettergarten-banz.de

Anfahrt: A73 bis zur Ausfahrt Bad Staffelstein-Kurzentrum und von dort der Beschilderung „Kloster Banz“ folgen. Nach Überqueren des Mains in Unnersdorf rechts zum Kloster fahren. Parkmöglichkeiten zwischen Waldklettergarten und Kloster.

Navi: Kloster-Banz-Straße, 96231 Bad Staffelstein

ÖPNV: Bus 1254 (vom Bahnhof Bad Staffelstein)

40 DAV Kletterzentrum Coburg

Das Kletterzentrum bietet 66 Kletterrouten sowohl im Innen- als auch Außenbereich mit bis zu 12 Metern Wandhöhe. Zudem werden 250 qm Boulderfläche angeboten.
Öffnungszeiten und weitere Infos unter:
www.dav-coburg.de
Anfahrt: A73 Ausfahrt Rödental, weiter auf die Neustadter Straße Richtung Coburg Zentrum. Am Autohaus Gelder & Sorg links in den Dammweg fahren und die Itz überqueren.
Navi: Dammweg 4, 96450 Coburg
ÖPNV: Bus 3 (HS Aquaria)

41 DAV Kletterzentrum Schweinfurt

Das Kletterzentrum bietet 200 verschiedene Routen bei 14 Meter Wandhöhe, eine Außenkletterwand und Möglichkeiten, Toprope zu klettern. Zudem stehen etwa 200 qm Kletterfläche zum Bouldern zur Verfügung.
Öffnungszeiten und weitere Infos unter:
https://kletterzentrum-schweinfurt.de
Anfahrt: A70 Ausfahrt Schweinfurt-Zentrum, weiter auf der B286 Richtung Zentrum und an der Abzweigung der Deutschhöferstraße in diese fahren. Von hier aus der Ausschilderung Wildpark folgen und an diesem weiter fahren bis linkerhand das DAV Kletterzentrum kommt.
Navi: Albin-Kitzinger-Straße 1, 97422 Schweinfurt
ÖPNV: Bus 51, (HS Wildpark, kurzer Fußweg)

42 Indoor Kletterwald Pottenstein

Mit dem Indoor Kletterwald spielt das Wetter keine Rolle. Auf 4 Parcours können Kinder ab 4 Jahren bis zu 10 Meter hohe Elemente erklimmen
Öffnungszeiten und weitere Infos unter:
http://soccerpark-pottenstein.de/klettergarten
Anfahrt: B470 bis Pottenstein und in die Straße Am langen Berg fahren. An der ersten Kreuzung links Richtung Golfplatz und Kletterwald abbiegen und weiter bis Kirchenbirkig. Gerade durch den Ort bis zum Ortseingang von Regenthal.
Navi: Jägerstr. 2, 91278 Pottenstein-Regenthal

43 Magnesia Kletter-Seil-Erlebnispark Forchheim

Der Erlebnispark bietet bis zu 200 Kletterrouten mit bis zu 12 Meter Wandhöhe. Daneben stehen 200 qm Boulderfläche zur Verfügung. In 7 Meter Höhe wird zudem ein 70 Meter langer Hochseilgarten angeboten der von Privatpersonen und als Gruppenevent gebucht werden kann.
Öffnungszeiten und weitere Infos unter:
www.magnesia-klettern.de
Anfahrt: Anfahrt: B470 Forchheim Richtung Ebermannstadt fahren und nach dem Autohaus Wagner rechts in die Trettlachstraße biegen. Die Kletterhalle befindet sich auf der linken Seite.
Navi: Trettlachstraße 1, 91301 Forchheim
ÖPNV: Bus 222, 223 und 262 (HS Spinnerei, kurzer Fußweg)

Weitere Infos zum Klettern in der Fränkischen Schweiz gibt es unter: www.fraenkische-schweiz.com/de/erleben/aktiv/klettern

Diese Seiten entstanden in Zusammenarbeit mit Jochen Hollfelder, staatlich geprüfter Berg- und Skiführer. Er ist seit Jahren im Bundeslehrteam des Deutschen Alpenvereins und dort insbesondere für die Ausbildung im Bergsport zuständig. Auf Anfrage sind auch private Kurse möglich.

Für Tierfreunde

Für Tierfreunde

Kinder lieben es, Tiere zu streicheln, sie zu beobachten oder auf Pferden zu reiten. Auf den folgenden Seiten gibt es eine Auswahl an schönen Ausflugszielen für große und kleine Tierfreunde, denn auch den Erwachsenen gefällt es, wenn ein Hirsch ganz nah neben ihnen steht und sie die Wärme des Geweihs fühlen können.

44 Wildpark Schloss Tambach

Nahe Coburg liegt der Wildpark Schloss Tambach. Ein großer und ein kleiner Rundweg führen durch den schönen Wildpark, ergänzt durch einen Waldlehrpfad. Beim Rotwild kann es passieren, dass die Rehe oder Hirsche so nah kommen, dass man diese streicheln kann. Aber Achtung: Es sind Wildtiere! Nahe dem Schloss finden zweimal täglich Greifvogelvorführungen statt. Am Eingang befindet sich ein großer Spielplatz. Allerdings sind viele Spielgeräte kostenpflichtig.

Öffnungszeiten: Ganzjährig 10–18 Uhr.
Anfahrt: B303 Coburg–Hofheim i. UFr. bis Tambach.
Navi: Am Wildpark 3, 96479 Weitramsdorf. **ÖPNV:** Nein.
Wildpark Schloss Tambach, Tel. 09567/9229-15,
www.wildpark-tambach.de
ÖPNV: Bus 8301 (vom Bahnhof Coburg), HS Tambach

45 Wildpark Hundshaupten

Im Wildpark Hundshaupten geht es bergauf und bergab, die Rundwege führen an großen Felsen wie dem Breitenstein oder dem Geldstein vorbei. Im Tal verläuft ein Bach, daneben befindet sich ein Spielplatz. Entlang der Wege gibt es viele verschiedene Tiere zu bewundern.

Öffnungszeiten: Ende März–Anfang November: 9–18 Uhr,
Anfang November–Ende März: 9 Uhr bis Einbruch der Dunkelheit.
Anfahrt: B470 bis Pretzfeld, weiter Richtung Obertrubach. Bei Hagenbach abbiegen und nach Hundshaupten fahren. Der Wildpark ist ausgeschildert.
Navi: Hundshaupten 62, 91349 Egloffstein

ÖPNV: Vom Bahnhof Ebermannstadt Freizeitlinie 235 (1.5.–1.11. an Samstagen, Sonn- und Feiertagen).
Wildpark Hundshaupten, Tel. 09191/861280,
www.wildpark-hundshaupten.de

46 Wildpark Schweinfurt

Mitten in der Stadt liegt diese Oase der Ruhe, die zudem noch kostenlos den Besucherinnen und Besuchern zur Verfügung steht. Besonders beliebt sind die großen Spielplätze im Wildpark, die tolle Spielgeräte, wie einen riesigen Elch zum Klettern für die Kinder bieten. Entlang des Rundwegs durch den Wald können viele Tiere bewundert werden.

Öffnungszeiten: Ganzjährig ganztägig geöffnet.
Anfahrt: A70 Ausfahrt Schweinfurt-Zentrum, weiter auf der B286 Richtung Zentrum und an der Abzweigung der Deutschhöferstraße in diese fahren. Von hier aus ist der Wildpark ausgeschildert. Der Straße bis zur Abzweigung zum Wildpark folgen. Kostenlose Parkplätze sind in der Albin-Kitzinger-Straße vorhanden. **Navi:** Albin-Kitzinger-Straße, 97422 Schweinfurt.
ÖPNV: Vom Hauptbahnhof Linie 12 zum Rossmarkt, dann mit der Linie 51.
Wildpark an den Eichen, Tel. 09721/4727839,
www.schweinfurt.de/leben-freizeit/wildpark

47 Wildpark Mehlmeisel

Der kleine Wildpark Waldhaus Mehlmeisel liegt im Fichtelgebirge bei Fichtelberg. Neben der Erlebnistour durch das Waldhaus zählt ein Hochsteg, bei dem man hoch über die Tiergehege geht und so einen besonderen Blick zu den Highlights hat. Zudem gibt es einen schönen Streichelzoo und eine Ausstellung mit heimischen Steinen.

Öffnungszeiten: Sommerzeit: 10–18 Uhr | Winterzeit: 10–16 Uhr.
Anfahrt: B303 bis Fichtelberg. Im Ort in die Poststraße fahren und weiter bis zum Abzweig der Waldhausstraße bei Mehlmeisel. Hier abfahren und der Beschilderung folgen.
Navi: Waldhausstraße 100, 95694 Mehlmeisel.
ÖPNV: Nein.
Wildpark Waldhaus Mehlmeisel, Tel. 09272/909812,
www.waldhaus-mehlmeisel.de

48 Erlebnisbauernhof Lips

In Wildensorg liegt der Erlebnisbauernhof Lips mit Schafen und Ziegen, der Angebote für Gruppen oder auch Kindergeburtstage bietet. Neben Themen wie „Wie kommt der Honig ins Glas?“ oder „Vom Schaf zur Wolle“ gibt es ein jahresbegleitendes Programm auf dem Gemüsefeld oder die Möglichkeit, die Stallarbeit kennen zu lernen.

Öffnungszeiten: Nur nach Voranmeldung!
Anfahrt: B22 (Münchner Ring) bis zur Abzweigung Wildensorg. Von dort der Wildensorger Hauptstraße folgen und an der zweiten Abzweigung zu „Die Bergner“ rechts abbiegen.
Navi: Die Bergner 4, 96049 Bamberg.
ÖPNV: Bus 910 bis Wildensorg Mitte.
Erlebnisbauernhof Lips, Tel. 0951/55151, h.j.lips@freenet.de

Zum Baden

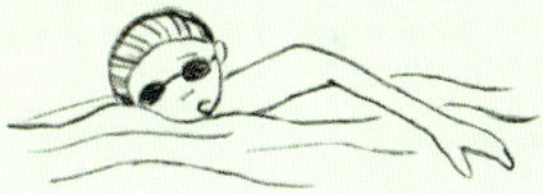

Zum Baden

Pack die Badehose ein … im Sommer sind Badeseen und Freibäder immer ein perfektes Ausflugsziel. Eine Auswahl von besonderen Bademöglichkeiten bieten die folgenden Sonderseiten.

49 Erba-Insel

Die Erba-Insel wird von einem Fischpass durchschnitten, der an vielen Stellen zum Plantschen im Wasser einlädt. Vorschul- und Grundschulkinder können teilweise im Wasser schwimmen. Ein besonderes Highlight im Sommer ist der Wasserspielplatz am großen Erba-Spielplatz.

Anfahrt: Memmelsdorfer Straße / Regensburger Ring bis zur Friedensbrücke und rechts nach Gaustadt fah-

ren. Nach der Schleuse zweigt rechts die Zufahrt zur Erba-Insel ab. Parkmöglichkeiten in der Tiefgarage der Uni Bamberg (Standort Erba-Insel). Die Erba-Insel ist aus der Innenstadt leicht mit dem Rad zu erreichen.
Navi: An der Spinnerei, 96049 Bamberg
ÖPNV: Bus 906 bis zur Haltestelle Spinnerei

50 Hainbad Bamberg

Das Hainbad zählt zu den schönsten Bädern Bambergs. Das Flussbad existiert seit 1935 und liegt schön im Hain am Regnitzufer. Die großen Badegäste schwimmen Fluss und für die Kleinen gibt es ein Kinderbecken und einen Spielplatz. Zum Sonnenbaden lädt ein Holzsteg ein.
Anfahrt: B22 (Münchner Ring) bis zur Abzweigung Rhein-Main-Donau-Damm (Park and Ride Heinrichsdamm). Der Straße folgen und links in die Ottostraße biegen und bis zur Kreuzung mit der Hainstraße dieser folgen. Links fahren und anschließend rechts in den Mühlwörth biegen. Nur wenige Parkplätze vorhanden! Das Hainbad ist ideal mit dem Rad zu erreichen.
Navi: Mühlwörth 18a, 96047 Bamberg
ÖPNV: Bus 909/928 bis Schönbornstr./Hainbadestelle

51 Sander Baggersee

Am Sander Baggersee lässt sich leicht ein ganzer Tag oder auch ein Wochenende verbringen! Neben Sandstränden gibt es einen LIFE-Naturerlebnispfad zum Auenwald und direkt am See liegt ein Campingplatz. Der See lässt sich gut mit einem Boot befahren.

Anfahrt: A70 Ausfahrt Knetzgau, Richtung Knetzgau bis zur ersten Abzweigung. Hier Richtung Sand am Main fahren und im Ort in die Zeiler Str. biegen. Nach der Kirche links in die Maingasse fahren. Parkmöglichkeiten folgen auf beiden Straßenseiten.
Navi: Maingasse/Seestraße, 97522 Sand am Main
Infos zu Camping und See: www.campingplatz-sand-am-main.de
ÖPNV: Bus 1153 und 1154 (vom Bahnhof Haßfurt), HS Sand Kirchplatz, kurzer Fußweg

52 Naturbadesee Frensdorf

Der 2010 eröffnete Naturbadesee Frensdorf liegt nahe dem Sportplatz und bietet sowohl Sand- als auch Steinstrandabschnitte. Insgesamt ist der See sehr sonnig, an einigen Stellen spenden Bäume Schatten. Kleinere Kinder können im seichteren Wasser gut plantschen.
Anfahrt: B505 bis Ausfahrt Pettstadt und Richtung Stegaurach fahren. Links nach Frensdorf fahren und im Ort links der Reundorfer Str. folgen. Links in die Hauptstraße biegen und anschließend rechts in die Straße Am Seebach fahren. Parkplätze am Sportgelände vorhanden.
Navi: Am Seebach, 96158 Frensdorf
Infos zum See unter: www.naturbadesee-frensdorf.de
ÖPNV: Bus 978 (Bamberg – Pommersfelden) und 983 (Bamberg – Hirschaid), HS Frensdorf Bahnhof, kurzer Fußweg

53 Ellertshäuser See

Der Stausee liegt etwa 15 km nordöstlich von Schweinfurt und bietet alles, was man für einen Tag am See benötigt: Spielplatz, Tretbootverleih und Einkehrmöglichkeiten. Zudem liegen ein Campingplatz und der Kletterwald „Nordwärts" in direkter Nähe zum See. Um den See führt ein etwa 4,5 km langer Naturerlebnisweg, der an verschiedenen Stationen Einblicke in den Lebensraum Wasser und Wald gibt. Anfahrt: A70 bis Ausfahrt Schonungen und der B303 Richtung Coburg folgen. In Abersfeld Richtung Reichmannshausen fahren und von dort weiter nach Fuchsstadt und über die Stauseestraße zum See fahren. Parkmöglichkeiten direkt am See.
Navi: Ellertshäuser See, 97488 Stadtlauringen
Infos zum See unter: www.ellertshaeuser-see.de
ÖPNV: Bus 8130 (von Schweinfurt), HS Fuchsstadt (mit Fußweg)

Mehr Infos zum See gibt es bei der Wanderung 21 auf S. 74

54 Badesee Breitengüßbach

Der Badesee Breitengüßbach hat einen direkten Zugang vom Main aus und ist sehr sonnig. Teilweise wird der Badebetrieb von der Wasserwacht überwacht. Im nördlichen Bereich befindet sich ein Bootssteg. Über einen Grünstreifen kann man durch den See zu einem kleinen Waldstück gehen.

Anfahrt: A73 bis Ausfahrt Breitengüßbach-Nord und weiter Richtung Coburg auf die B4. Nach der Mainbrücke links und direkt am See parken.

55 Naturbad Ebensfeld

Am Main bei Ebensfeld liegt ein Naturbadesee, dem auch ein Campingplatz angeschlossen ist. Der See bietet einen abgesteckten Nichtschwimmerbereich mit Sandstrand, an dem gleich ein kleiner Spielplatz liegt. Mit einem Boot lässt sich der See mit seinen Seitenarmen und eine kleine Insel gut erkunden. Sehr günstige Eintrittspreise!

Anfahrt: A73 bis Ausfahrt Ebensfeld und Richtung Ort fahren. Gerade über den Kreisverkehr und unter den Gleisen weiter bis zur nächsten Abzweigung. Rechts in die Sudetenstraße und weiter in die Bahnhofstraße fahren. Am Ende der Häuser halbrechts halten und durch die Badstraße zum Naturbad fahren. Parkmöglichkeiten am Straßenrand und in der Wiese.
Navi: Badweg, 96250 Ebensfeld

ÖPNV: DB Regionalverkehr Bahnhof Ebensfeld (1 km Fußweg zum See)
Infos zum See unter: https://ebensfeld.de/de/leben-wohnen/naturbad.php

56 Rudufersee Michelau

Etwas außerhalb von Michelau bei Lichtenfels liegt der Rudufersee, der an manchen Stellen nur wenige Meter vom Main getrennt ist. In den Sommermonaten ist das Baden erlaubt und der See weist eine gute Wasserqualität auf. Durch ein flaches Ufer ist der See gut für Kinder geeignet. Am See gibt es einen Tretbootverleih, einen Kiosk und an ausgewiesenen Feuerstellen ist das Zelten nach Voranmeldung erlaubt. Um den See führt ein schöner, flacher Rundweg. Eintritt frei, Parkplatz kostenpflichtig.
Anfahrt: B173 bis Ausfahrt Michelau und weiter in den Ort. Nach Überqueren des Mains rechts in die Obere Mühlenstraße und dieser bis zum See folgen.
Navi: Obere Mühlenstraße, 96247 Michelau i. OFr.
ÖPNV: DB Regionalverkehr Bahnhof Michelau (ca. 2 km Fußweg zum See – siehe oben).
Infos zum See unter: www.gemeinde-michelau.de/Badesee-Rudufer.n254.html

57 Felsenbad Pottenstein & Schöngrundsee

Das Felsenbad Pottenstein ist nicht besonders groß und liegt an einer imposanten Felswand. Über einen Steg gelangt man in das grün schimmernde Wasser. Neben einer Wiese stehen Holzstege auf verschiedenen Ebenen als „Liegewiese“ zur Verfügung. Auf der gegenüberliegenden Seite der B470 liegt der grünlich schimmernde Schöngrundsee, in dem das Baden leider nicht erlaubt ist. Bis 2017 konnte man Ruder- und Tretboote leihen, was Anfang 2018 durch die Aufgabe der Betreiber nicht mehr möglich war.
Anfahrt: B470 Pottenstein – Pegnitz bis zum Felsenbad. Parkmöglichkeiten direkt am Bad bzw. See.
Navi: Pegnitzer Str. 35, 91278 Pottenstein
ÖPNV: Bus Nr. 343 bzw. 389 (Freizeitlinie, 1.5. bis 1.11.), HS Schöngrundsee
Infos unter: www.felsenbad.eu

58 Familienschwimmbad Streitberg

1931 wurde das Familienschwimmbad Streitberg eröffnet und zeichnet sich durch seine einzigartige Lage aus. Neben einem Zugang zur Wiesent mit Kahnverleih bietet es schöne Ausblicke auf die Burgruine Streitberg. Das Bad-Café steht sowohl Badegästen als auch Wanderern offen. Lohnenswert ist auch eine Wanderung zur Ruine Neideck!

Anfahrt: B470 bis Streitberg und in die Dorfstraße (Richtung Burgruine Neideck) fahren, die Wiesent überqueren und links in die Straße Am Freibad biegen. Parkmöglichkeiten direkt am Freibad.
Navi: Am Freibad, 91346 Streitberg
ÖPNV: VGN Freizeitlinie 389, HS Streitberg B470 (Fußweg ca. 600 Meter); sonntags und an Feiertagen ist zudem die Anfahrt mit der Dampfbahn Fränkische Schweiz möglich.
Infos unter: www.familienschwimmbad.de

Burgen

Burgen in Franken

In Franken gibt es eine Vielzahl an Burgen, die erkundet werden wollen. Gerade mit Kindern bieten sich diese als Ausflugsziele an. Oft sind die Burgen leicht erreichbar.

59 Veste Coburg

Die Veste Coburg ist bereits von Weitem zu sehen, zählt sie zu den größten Burganlagen Deutschlands. Im Inneren gibt es viel zu Entdecken und im Museum der Veste können viele kunst- und kulturgeschichtliche Sammlungen besichtigt werden. Zwischen Stadt und Veste liegt der schöne Hofgarten mit dem Naturkundemuseum.

Anfahrt: Die Veste Coburg ist aus der Stadt über verschiedene Weg ausgeschildert.
Navi: Veste Coburg 1, 96450 Coburg
ÖPNV: Bus 5, HS Veste

60 Burg Bramberg

Die Geschichte der Burgruine Bramberg reicht bis ins frühe 12. Jahrhundert, sie ist die höchstgelegene Burganlage in den Haßbergen. Durch diese Höhenlage bietet sich ein schöner Ausblick über die umliegende Landschaft. Die Burg ist frei zugänglich und kann das ganze Jahr erkundet werden. Der Zugang ist über einen kurzen Forstweg durch den Wald möglich.

Anfahrt: B279 bis Ebern, weiter Richtung Unterpreppach und nach Jesserndorf rechts nach Bramberg abbiegen. Nach dem Ort links Richtung Hohnhausen fahren. Ein Wanderparkplatz befindet sich linkerhand im Wald.

61 Altenburg Bamberg

Hoch über Bamberg thront die Altenburg. Die Burg beheimatete bis 1982 einen Burgbären, heute findet sich ein ausgestopfter Bär im Zwinger. Vom 33 Meter hohen Turm hat man einen sehr schönen Ausblick auf Bamberg und die umliegende Landschaft.

Navi: Altenburger Straße 115, 96049 Bamberg

62 Giechburg

Über eine kurze Wanderung ist die Giechburg mit ihrem großen Innenhof erreichbar. In diesem können Kinder sausen, im Turm finden immer wieder Ausstellungen statt. Bei schönem Wetter lässt sich bis Bamberg blicken.

Anfahrt: In Scheßlitz Richtung Heiligenstadt, rechts zur Giechburg, Parkplatz unterhalb der Burg.

Navi: Giechburg 1, 96110 Scheßlitz

63 Wallburg

Ein Turm und ein Brunnen, mehr steht nicht mehr von der Wallburg oberhalb Eltmanns. Egal, ob zu Fuß oder mit dem Auto, die Ruine ist leicht zu erreichen und ein idealer Platz für ein Picknick und zum Spielen. Hier können die Kinder ohne Gefahren sausen und Pavillons bieten die besten Voraussetzungen für einen Nachmittagsausflug.

Anfahrt: B26 bis Eltmann, im Ort in die Promenade und weiter in die Schloßsteige und an der ersten Abzweigung rechts zur Wallburg fahren. Parkplatz direkt an der Burg.

64 Ruine Rotenhan

Unsere Lieblingsruine! Die Ruine Rotenhan liegt nur ein paar Schritte von einer Parkbucht entfernt und ist der perfekte Abenteuerspielplatz für Kinder. Durch das Burgtor, hoch auf die Mauern … Lässt sich mit dem Schloss Eyrichshof kombinieren.

Anfahrt: B279 Baunach–Ebern, an der Abzweigung zum Schloss Eyrichshof abbiegen, gegenüber dem Schloss links in die Kurzewinder Str. und dieser bis in den Wald folgen. Parkbucht auf der linken Seite.

65 Ruine Lichtenstein

Die Burgruine Lichtenstein teilt sich in zwei Bereiche, die Ruine und die noch bewohnte Burg. Die Ruine ist frei zugänglich und auf vielen Tafeln wird Wissenswertes zur Burg erklärt. Um die Burg führt ein Sagenpfad, der im Buch in **Tour 18** beschrieben ist.

Anfahrt: B279 (Ebern–Maroldsweisach), an der Abzweigung Lichtenstein B279 verlassen und nach Lichtenstein fahren. Ort und Burg sind ausgeschildert
Navi: Lichtenstein, 96176 Pfarrweisach

66 Burg Königsberg

Eine tolle Burg! Im Inneren wartet ein Turm, der bestiegen werden will, ein Café und es gibt eine schöne Aussicht auf Königsberg i. Bayern. Vom Ort ist die Burg leicht zu Fuß erreichbar und nahe der Burg startet die Wanderung Natour.

Anfahrt: Coburger Straße bis zur Abzweigung Schloßberg mit Parkmöglichkeiten
Navi: Schlossberg 14, 97486 Königsberg in Bayern

67 Ruine Altenstein

An der Ruine Altenstein gibt es viel zum selbst Ausprobieren und auf Tafeln steht Wissenswertes über die Ruine, der das Burgenzentrum Deutscher Burgenwinkel angegliedert ist.

Anfahrt: B279 bzw. B303 bis Altenstein, Parkmöglichkeit im Lichtensteiner Weg am Schwimmbad.
Navi: Altenstein, 96126 Maroldsweisach

68 Ruine Neideck

Das Wahrzeichen der Fränkischen Schweiz! Vom Schwimmbad Streitberg über eine Wanderung erreichbar liegt die Ruine Neideck hoch über dem Wiesenttal. Für Kinder ist es ein idealer Platz zum Ritter spielen und die Aussicht ist gigantisch!

Anfahrt: B470 bis Streitberg, dort in die Dorfstraße biegen und weiter zum Freibad und dort parken.

69 Festung Rosenberg

Besonders zu „Kronach leuchtet“ ist es ein Erlebnis, die Festung Rosenberg zu besichtigen! Bereits aus der Stadt ist die bunt beleuchtete Festung, die hoch über der Stadt thront, zu sehen. Um die Burg führt ein kurzer Wanderweg.

Anfahrt: Aus der Altstadt Kronachs am besten zu Fuß erreichbar.
Navi: Festung 1, 96317 Kronach

Winter

Winter rund um Bamberg

Bamberg zählt nicht zu den Orten, die für ausgeprägte Winter und Schneesicherheit bekannt sind. Aber dennoch gibt es einige Ziele für Familien, die bei Schnee sehr zu empfehlen sind.

70 Schlittenfahren am Sauersberg

Mitten in der Stadt Schlittenfahren mit Blick auf Altenburg und Dom! Der sonnige Schlittenberg bietet verschiedene, längere Abfahrten und ist leicht mit dem Stadtbus Nr. 928 erreichbar (HS Staffelbergweg).

71 Schlittenfahren und Langlauf in Wattendorf

Bei Wattendorf, etwa 30 km außerhalb von Bamberg, können Wintersportler auch die Langlaufski anschnallen. Direkt von der Straße ist der Schlittenhang und die Loipe erreichbar. Allerdings verschwindet die Sonne am Nachmittag schnell hinter den Bäumen.

Anfahrt: A70 (Ausfahrt Scheßlitz), Richtung Stübig bis Wattendorf fahren. An der Abzweigung vor dem Ort links fahren und anschließend parken.

72 Schlittenfahren am Teuchatzer Berg

Selbst wenn in Bamberg die Schneeverhältnisse das Schlittenfahren nicht mehr ermöglichen, am Teuchatzer Berg ist es oft noch möglich. Hier gibt es eine kürzere Abfahrt, die aber verlängert werden kann und dann eine Gesamtlänge von mehreren Hundert Metern erreicht.

Anfahrt: Bamberg (Geisfelder Str.) – Geisfeld – Mistendorf – Zeegendorf – Teuchatzer Berg. An der Kreuzung rechts fahren und anschließend parken.

73 Schlittschuhlaufen in Bamberg

Ab einer Eisstärke von 15 cm werden in Bamberg verschiedene Seen und Weiher zum Eislaufen freigegeben: Der Hainweiher, der Sylvanersee in Gaustadt, der Eichelsee in Wildensorg und der Weiher am Höfener Weg nahe der Fuchsenwiese. Zudem wird teilweise die Wiese am Troppauplatz geflutet, um dort Schlittschuhlaufen zu können. Informationen über die Eisflächen erteilt das Gartenamt der Stadt Bamberg.

74 Wandern und Schlittenfahren an der Giechburg

Die Hänge der Giechburg eignen sich sehr gut zum Schlittenfahren. Zudem ist die Wanderung zwischen der Burg und der Wallfahrtskirche auf dem Gügel auch im Winter eine Empfehlung! Auf der sonnigen Tour lassen sich kleinere Kinder auf dem Schlitten ziehen, größere Kinder können im Schnee spielen.

Anfahrt: B22 Scheßlitz, im Ort Richtung Heiligenstadt fahren und der Abzweigung zur Giechburg folgen bzw. weiter der Straße durch Zeckendorf folgen und im Wald rechts zum Gügel abbiegen.

Ein Familienwochenende in …

Ein Familienwochenende in Bamberg

Die Welterbestadt Bamberg ist ein ideales Ziel für einen Kurzurlaub mit Kindern jeden Alters. Sowohl in der Stadt als auch in der näheren Umgebung gibt es die idealen Ziele für jedes Wetter!

Outdoor

Altenburg

Mehr Infos zur Altenburg finden Sie auf den Sonderseiten Burgen 61 auf S. 154

Hoch über Bamberg thront die Altenburg, von der sich schöne Ausblicke auf die Stadt und die umliegende Landschaft bieten. Eine Besteigung des Turms ist möglich. Zur Altenburg führt der Stadtökologische Lehrpfad **(Tour 1).**

Erba-Insel

Mehr Infos zu einer Radtour finden Sie bei Tour 26 ab S. 92 und zum Baden auf den Sonderseiten Baden 49 auf S. 142

Durch die Landesgartenschau 2012 entstand im Bamberger Norden ein neuer Park mit kleinem Flusslauf, mehreren Spielplätzen, einem Volleyball- und Basketballfeld. Der Park lässt sich ideal bei einem Spaziergang oder einer Radtour erkunden. Die Spielplätze und die Möglichkeiten, im Wasser zu plantschen, reichen aber auch schon für einen schönen Nachmittag aus.

Freibäder

Mit dem Stadionbad und dem Gaustadter Freibad befinden sich zwei Freibäder im Stadtgebiet, die für Kinder alles bieten, was diese zum Plantschen und Spielen wollen. Im Sommer kann vom Stadionbad aus auch das Hallenbad Bambados genutzt werden.

Hain

Der Bamberger Hain ist die grüne Lunge Bambergs. Zwischen rechtem und linken Regnitzarm verlaufen viele Wege. Ideal zum Spazierengehen, Joggen oder Radfahren. Im Hain befindet sich ein botanischer Garten und mit dem Hainbad ein altes Flussschwimmbad. Zudem lädt der Hainspielplatz (nachmittags Schatten) zum Spielen ein und es gibt die Möglichkeit, Tretboot zu fahren oder Minigolf zu spielen.

Mehr Infos zum Hainbad 50 gibt es auf den Sonderseiten Baden auf S. 143

Rosengarten

Durch die Neue Residenz am Domplatz ist der Rosengarten erreichbar. Besonders im Frühjahr und Sommer ist dies ein schöner, blühender Garten, in den man sich bei Kaffee und Kuchen zurückziehen kann. Der Rosengarten liegt auf der Tour „Bamberger Spaziergänge – Dom und Michelsberg", die bei **wanderzwerg.eu** veröffentlicht ist.

Schifffahrt auf der Regnitz

Eine Schifffahrt die ist lustig … Vom Kranen starten die Schiffe „Stadt Bamberg" und „Christl" zur Hafenrundfahrt, bei der zweimal eine Schleusung erlebt werden kann. Neben der Fahrt an Klein Venedig vorbei fahren die Schiffe auch durch den Bamberger Hafen, in dem Fracht-

und Kreuzfahrtschiffe liegen. Es besteht auch die Möglichkeit, vom Anlegesteg an der Erba-Insel bis zum Kranen mitzufahren. Dazu das Schiffstelefon anrufen, den Mitfahrwunsch anmelden und die nächste Abfahrtszeit erfragen.

Indoor

Naturkundemuseum
Kinder, aber auch Erwachsene werden im historischen Vogelsaal nicht mehr aus dem Staunen rauskommen. Dieses „Museum im Museum" zeigt tausende Tierpräparate, vom kleinen heimischen Vogel, über Schmetterlinge, Fische und Amphibien bis hin zum Walkiefer. Daneben widmet sich das Museum geologischen Themen, dem Leben in der Urzeit und zeigt versteinerte Lebewesen. Regelmäßig finden Sonderausstellungen statt.
Navi: Fleischstr. 2, 96047 Bamberg, Tel. 0951/8631249
www.naturkundemuseum-bamberg.de

Historisches Museum
Im Museum wird die Stadtgeschichte Bambergs von der Vorgeschichte bis ins 21. Jahrhundert präsentiert. Die Lebensader Regnitz wird dabei genauso behandelt wie das jüdische Leben in der Stadt. Zudem sind archäologische Funde ausgestellt, die für Kinder und Jugendliche besonders interessant sind. Jeden ersten Sonntag im Monat haben Kinder und Jugendliche unter 18 Jahren mit zwei Begleitpersonen freien Eintritt!
Navi: Domplatz 7, 96049 Bamberg, Tel. 0951/87-1140
https://museum.bamberg.de/historisches-museum/

Theater Licht und Schatten
Eine Reise durch die 1000-jährige Geschichte Bambergs. Erzählt und gespielt in der Katharinenkapelle der Alten Hofhaltung. Durch das Zusammenspiel von Licht und Schatten wird die Geschichte erlebbar und in faszinierenden Bildern erzählt. Das Stück ist für Kinder ab 10 Jahren geeignet. Aufführungen nur von Mai bis Oktober, da die Kapelle nicht beheizt ist. Tickets gibt es nur beim Tourismus- und Kongress Service (TKS).
Navi: Domplatz 7, 96049 Bamberg, Tickets: 0951/2976-200
www.theater-der-schatten.de/bamberg

Bambados
Seit Herbst 2011 besitzt Bamberg mit dem Bambados das erste Hallenbad, das europaweit nach dem Passivhausstandard gebaut wurde und unter den

Leitmotiven „Familie, Sport und Ökologie“ ein modernes Freizeit- und Sportbad bietet. Für Familien bietet das Bad ein Babybecken, ein Nichtschwimmerbecken und verschiedene Rutschen.
Navi: Pödeldorfer Str. 174, 96050 Bamberg, Tel. 0951/775555
ÖPNV: Bus 920, HS Bambados
www.stadtwerke-bamberg.de/bambados

Bamberger Umland

Schloss Seehof

Mit dem Stadtbus 907 oder dem Fahrrad ist Schloss Seehof, die ehemalige Fürstbischöfliche Sommerresidenz, einfach zu erreichen. Um das Schloss lädt ein schöner Garten zum Spazieren ein und zur vollen Stunde sprudelt das Wasser aus dem Springbrunnen. Während die Erwachsenen im Café leckere Kuchen genießen, können die Kleinsten in Kisten eine Rollen-Rutsche nutzen.
Navi: Schloss Seehof 1, 96117 Memmelsdorf
ÖPNV: Bus 907, HS Schloss Seehof
www.schloesser.bayern.de/deutsch/schloss/objekte/seehof.htm

Naturbadesee Frensdorf

Die Füße im Sandstrand einbuddeln … Der Naturbadesee ist künstlich angelegt. Es geht flach ins Wasser, sodass auch Kinder gut plantschen können.

Mehr Infos zum Badesee finden Sie auf den Sonderseiten Baden 52 ab S. 144

Der See ist sehr sonnig.

Navi: Am Seebach, 96158 Frensdorf (Parkmöglichkeiten am Sportplatz)

ÖPNV: Bus 978 (Bamberg – Pommersfelden) und 983 (Bamberg – Hirschaid), HS Frensdorf Bahnhof, kurzer Fußweg

www.naturbadesee-frensdorf.de

Im Schnee

Mehr Infos zum finden Sie auf den Sonderseiten Winter ab S. 160

Die Winter fallen in Bamberg nicht besonders schneereich aus. Falls es doch schneien sollte, gibt es ein paar schöne Schlittenberge rund um Bamberg.

Übernachten

Backpackers

Ein kleines, unabhängiges Hostel zwischen Bahnhof und Innenstadt. Durch die Lage ist es ideal für Bahnreisende. Sehr nette und hilfsbereite Besitzerin. Zimmer: Einzelzimmer bis Sechsbettzimmer.

Navi: Heiliggrabstraße 4, 96052 Bamberg, Tel. 0951/2221718

www.backpackersbamberg.de

Jugendherberge „Am Kaulberg"

Die Innenstadt ist fußläufig erreichbar. Von der Terrasse bietet sich ein schöner Blick auf den Bamberger Dom! Gute Ausstattung für Familien.

Navi: Unterer Kaulberg 30, 96049 Bamberg, Tel. 0951/2995289-0

www.jugendherberge.de/jugendherbergen/bamberg-am-kaulberg-734

ÖPNV: Bus 901 und 908, HS Schulplatz

Wohnbar

Die Wohnbar verfügt über zwölf Zimmer und Apartments. Durch die Lage ist das kleine Hotel ideal, um Bamberg zu Fuß oder dem Fahrrad zu erkunden.

Navi: Stangsstraße 3, 96047 Bamberg, Tel. 0951/50998844
www.wohnbar-bamberg.de

Essen mit Kindern

Café Leander
Kleines, nettes Café in einem Hinterhof in der Fußgängerzone mit Spielmöglichkeiten. Leckere Kuchen und frische Salate.
Navi: Hauptwachstr. 10, 96047 Bamberg, Tel. 0951/30122241
www.facebook.com/cafe.leander

Bootshaus
Direkt an der Regnitz im Hain gelegen. Das Bootshaus ist eine perfekte Anlaufstelle, um in einem Biergarten zu sitzen, ohne auf einen Berg zu müssen. Ideal, um nach dem Hainbadbesuch noch Pommes zu essen.
Navi: Mühlwörth 18A, 96047 Bamberg, Tel. 0951/24485
https://bootshaus-restaurant.de

Villa Remeis
Eine der schönsten Terrassen mit einzigartigem Blick über Bamberg.
Navi: St.-Getreu-Straße 13, 96049 Bamberg, Tel. 0951/57912
www.cafe-villa-remeis.de

Wilde-Rose-Keller
Bambergs höchstgelegener Keller ist bei Familien sehr beliebt. Im hinteren Bereich befindet sich ein schöner Spielplatz. Es gibt Brotzeiten und warme Speisen und wie auf einem Keller üblich kann die eigene Brotzeit mitgebracht werden.
Navi: Oberer Stephansberg 49, 96049 Bamberg, Tel. 0951/57691
www.wilde-rose-keller.de
ÖPNV: Bus 913, HS Oberer Stephansberg

Unterwegs in Bamberg und im Umland

In Bamberg sind die Wege kurz und das Netz an Fahrradwegen ist sehr gut, sodass auf ein Auto verzichtet und sich im Stadtgebiet mit dem Fahrrad fortbewegt werden kann. Die Stadtwerke Bamberg bieten einen öffentlichen Busverkehr an, mit dem neben Zielen in der Stadt auch einige Umlandgemeinden erreicht werden können.

Weitere Tipps

Bambolino
Das Familienmagazin Bambolino liegt an vielen öffentlichen Stellen und in Cafés aus. Im Magazin gibt es viele Tipps und einen Veranstaltungskalender.
www.bambolino-online.de

wanderzwerg.eu
Das Portal wanderzwerg.eu beschreibt interessante Ausflugsziele und Wanderungen in der Stadt und der Umgebung.
http://wanderzwerg.eu/category/bamberger-land

Ein Familienwochenende in der Fränkische Schweiz

Die Fränkische Schweiz ist ein wahres Paradies für alle, die gerne in der Natur unterwegs sind. Sie bietet so viele unterschiedliche Ausflugsziele, dass ein längerer Aufenthalt absolut empfehlenswert ist. Besonders Familien kommen hier voll auf ihr Kosten: gemütlich dahinfließende Bäche, frei zugängliche Höhlen, schöne Aussichtsfelsen und Berge, leichte Wanderungen und Radtouren. Dazu laden viele Keller und Brauereiwirtschaften zur Brotzeit ein, bei der man den Tag nochmals Revue passieren lassen kann.

Outdoor

Walberla

Egal zu welcher Jahreszeit, das Walberla darf bei einem Besuch in der Fränkischen Schweiz nicht fehlen! Auf schönen, teilweise für Kinderwagen geeigneten Wegen lässt sich der Berg erwandern. Oben angekommen erwartet die Besucher eine tolle Aussicht. Bei günstigen Wetterbedingungen kann man Drachen steigen lassen und Paraglidern beim Start zusehen. Am ersten Wochenende im Mai findet das Walberlafest auf dem Gipfelplateau statt.

Mehr Infos zum Walberla gibt es bei Wanderung 11 ab S. 44

Brauereienwege

In der Fränkischen Schweiz gibt es etwa 70 Brauereien. Die Gemeinde Aufseß weist mit vier Brauereien auf etwa 1.400 Einwohner die höchste Brauereiendichte auf und ist damit sogar im „Guinessbuch der Rekorde". Die Brauereien lassen sich auf einem Brauereienweg erwandern. Zwischen Weißenohe und Thuisbrunn ladt der 5-Seidla-Steg zum Wandern ein.

Kajaktouren

Zwischen Mai und September dürfen Kajakfahrer die Wiesent zwischen Doos und Rothenbühl befahren und so die Fränkische Schweiz aus einer besonderen Perspektive erleben. Sowohl kürzere Strecken wie auch Ganztagestouren sind möglich und verschiedene Verleiher bieten neben den Booten auch einen Rücktransport an. Speziell an Wochenenden während der Sommermonate kann es allerdings eng werden und eine frühzeitige Buchung ist nötig!

Mehr Infos zu den Touren unter: www.fraenkische-schweiz.com/de/erleben/aktiv/kanufahren/kanufahren.html

Lauferlebnis Fränkische Schweiz
Trailläufer finden in der Fränkischen Schweiz beste Bedingungen! Wenige Höhenmeter oder viele, technisch anspruchsvolle oder leichtere Strecken, hier ist alles zu finden. 35 fest ausgeschilderte Strecken von 3 bis 24 km bietet das Lauferlebnis Fränkische Schweiz – da wird auch dem Laufnachwuchs nicht langweilig!
Mehr Infos unter: www.lauferlebnis.info

Ruine Streitberg &
Ruine Neideck
Fast gegenüber stehen sich die beiden Burgruinen hoch über dem Wiesenttal und sind schöne Ausflugsziele für Familien – leicht erreichbar können die Kleinen dort sausen und spielen. Zudem ist die Aussicht aufs Wiesenttal hervorragend. In Streitberg lohnt noch ein Abstecher zum Wedenbach mit seinem Wasserrad und unterhalb der Ruine Neideck an der Wiesent liegt das kleine Familienschwimmbad.

Mehr Infos zur Ruine Neideck gibt es bei Wanderung 14 ab S. 53 und auf den Sonderseiten Burgen 68 auf S. 158

Mit dem Rad durchs Leinleitertal
Bei Gasseldorf, nahe Ebermannstadt und Heiligenstadt, lädt ein sehr schöner, etwa 10 km langer Radweg mit vielen Spielmöglichkeiten zu einer familienfreundlichen Radtour ein. Entlang der Leinleiter sind nur wenige Höhenmeter zu überwinden, sodass auch kleinere Kinder die Tour fahren können.

Höhlen

Die Fränkische Schweiz könnte man als das Land der Höhlen bezeichnen. Mehrere Tropfsteinhöhlen wie die Binghöhle oder die Teufelshöhle können besichtigt werden, aber auch unzählige, frei zugängliche Höhlen sind einen Besuch wert! Besonders eindrucksvoll sind die Ludwigshöhle nahe der Burg Rabenstein oder die Oswaldhöhle bei Muggendorf, durch die der Frankenweg verläuft.

Mehr Infos zum Oswaldhöhle gibt es bei Wanderung 9 ab S. 38

Röthelfels

Der Röthelfels ist ein eindrucksvoller Kletterfelsen. Von Morschreuth aus ist es nur eine kurze Wanderung zu dem Felsen, von dem aus sich eine phantastische Aussicht bis ins Wiesenttal bietet und man den Kletterern zusehen kann.

Mühlenwanderung im Trubachtal

Mühlen wurden im Trubachtal zum Getreidemahlen oder zur Holzproduktion genutzt und hatten eine große Bedeutung für die Region. 14 Mühlen liegen am Trubachwanderweg, der auf etwa 20 km von Obertrubach über Egloffstein nach Pretzfeld führt.
Mehr zum Trubachtal unter: www.trubachtal.com/de/erleben

Mountainbikeregion Heiligenstadt

Um Heiligenstadt gibt es drei gut ausgeschilderte Mountainbikestrecken, die Rundkurse sind, sodass an verschiedenen Abschnitten eingestiegen werden kann. Teilweise lassen sich die Strecken verkürzen oder miteinander kombinieren, sodass für jeden die passende Strecke dabei ist. Eine Broschüre mit Streckenbeschreibung gibt es in der Tourist-Info Heiligenstadt oder zum

Download unter: **www.markt-heiligenstadt.de/tourismus/freizeitmoeglichkeiten/fahrrad/mountainbiking.html**

Klumpertal

Zwischen der Schüttersmühle bei Pottenstein und Kühlenfels liegt das Klumpertal. Das Tal mit seinen Felswänden zählt zu den schönsten und ruhigsten Tälern in der Fränkischen Schweiz. Durch das Tal gibt es verschiedene Wege, die teilweise auch für Kinderwagen geeignet sind.

Mehr Infos zum Klumpertal unter: www.pottenstein.de/das-klumpertal

Sinterstufen an der Lillach

Die Lillach nahe Weissenohe ist ein Kalktuffbach und entlang ihres Verlaufs fließt der Bach an verschiedenen Stellen über Sinterstufen talwärts. Seit 1976 sind diese ein Naturdenkmal. Zur Quelle führt ein schöner, etwa 2 km langer Wanderweg, an dessen Ende im Wasser geplantscht und Brotzeit gemacht werden kann.

Mehr zu den Sinterstufen: www.weissenohe.de/sinterstufen-im-lillachtal

Kirschblüte

Die Fränkische Schweiz ist das größte zusammenhängende Anbaugebiet für Kirschen in Deutschland. Im April verwandelt sich die Landschaft bei Pretzfeld und um das Walberla in ein wahres Blütenmeer! Bei einer Wanderung auf dem Kirschenweg lässt sich die Blütenpracht bewundern.

Mehr zum Kirschenweg unter: http://fsv-pretzfeld.de/?page_id=1046

Indoor

Fränkische Schweiz Museum

Äußerst eindrucksvoll präsentiert sich das Fränkische Schweiz Museum in Tüchersfeld: Neben den historischen Fachwerkhäusern stehen zwei senkrecht emporragende Felsen. Das Museum bietet verschiedene Bereiche. So werden Fossilien aus der Region, Steinwerkzeuge aus dem Hasenloch bei Pottenstein oder landwirtschaftliche Werkzeuge ausgestellt. Zudem beherbergt das Museum eine Synagoge aus dem 18. Jahrhundert und bietet wechselnde Sonderausstellungen.

Mehr Infos zum Hasenloch gibt es bei Wanderung 8 ab S. 35

Öffnungszeiten: Apr.–Okt.: Di.–So. 10–17 Uhr, Nov.–März: So. 13.30–17 Uhr.
Navi: Tüchersfeld, Am Museum 5, 91278 Pottenstein
ÖPNV: Bus 389 (Ebermannstadt - Pegnitz), HS Tüchersfeld
www.fraenkische-schweiz-museum.de

Modellbahnmuseum Muggendorf

Im Modellbahnmuseum werden vorwiegend Blecheisenbahnen der Spur S gezeigt, die bis Anfang der 60er-Jahre gefertigt wurden und Modelle der Spur 0. Auf zwei fahrtüchtigen Anlagen kann man die alten Spur S-Züge erleben.
Öffnungszeiten: So. 10–12 und 14–17 Uhr.
Navi: Bayreuther Str. 23, 91346 Wiesenttal
ÖPNV: Bus 389 (Ebermannstadt - Pegnitz, HS Muggendorf Forchheimer Straße, kurzer Fußweg
www.modellbahnmuseum.de

Naturparkinfozentrum Fränkische Schweiz – Veldensteiner Forst

Das Infozentrum zeigt die Vielfältigkeit und Schönheit der Fränkischen Schweiz auf und will Lust machen, die Region zu entdecken. Es werden

Bräuche wie Osterbrunnen oder Kirchweihen erklärt und natürlich widmet sich das Infozentrum auch den Höhlen, von denen es etwa 2.000 in der Fränkischen Schweiz gibt.
Öffnungszeiten: Apr.–Okt.: tgl. 8.30–18 Uhr. Bahnhof, 91346 Muggendorf

Im Schnee

Die Fränkische Schweiz ist leider kein klassisches Winterziel, aber dennoch gibt es auch bei ausreichend Schnee doch Möglichkeiten, Wintersport zu betreiben. Skilifte gibt es bei Muggendorf oder bei Draisendorf (Nähe Wüstenstein). Langlaufloipen sind dagegen häufiger zu finden. Verschiedene Rodelbahnen sind ab der Seite 160 (Winter) aufgeführt. Eine gute Übersicht der Wintersportmöglichkeiten bietet die Website **www.frankenjuracom/winter**

Übernachten

Naturfreundehaus Veilbronn
Nach einer ausgedehnten Wanderung oder einem Besuch im Kletterwald ist das Naturfreundehaus Veilbronn genau der richtige Ort für eine Stärkung! Von der Terrasse aus genießt man eine einzigartige Aussicht auf das Leinleitertal. Übernachtungen sind auch möglich.
Navi: Veilbronn 17, 91332 Heiligenstadt i.OFr.
https://naturfreundehaus-veilbronn.de

Campingplatz Bärenschlucht

Felsen auf der einen Seite, die Wiesent auf der anderen Seite. Kann ein Campingplatz schöner liegen? Auf dem Platz können Blockhäuser oder Fässer für 4 Personen gemietet werden. Der Platz ist ganzjährig geöffnet. Wandermöglichkeiten direkt vor Ort.
Navi: Bärenschlucht 1, 91278 Pottenstein
www.baerenschlucht-camping.de

Essen

In der Fränkischen Schweiz laden eine Vielzahl von „Keller“ zu einer Brotzeit ein und häufig wird selbst gebrautes Bier angeboten. Die Preise sind moderat und meist sitzt man schön unter großen Bäumen.

Brückla in Muggendorf

Eine bessere Lage kann es nicht geben! In Muggendorf liegt das Brückla direkt an der Wiesent und bietet Kuchen und warme Speisen an. Nebenbei können die Kajakfahrer beobachtet werden.
Navi: Wiesenweg 18, 91346 Muggendorf, Tel. 09196/998100, **www.brueckla.de**

Biergarten Sachsenmühle

Nahe des Bahnhofs Gößweinstein (Museumsbahn) liegt die Sachsenmühle mit einem sehr schönen Biergarten. Man sitzt unter Bäumen oder sonnig in der Wiese und lässt sich die fränkische Brotzeit schmecken. Über einen Steg kann man für eine Abkühlung in die Wiesent steigen.
Navi: Sachsenmühle 1, 91327 Gößweinstein, Tel. 09242-740660
www.facebook.com/Sachsenmuehle

Lamahütte in Thuisbrunn

Man sitzt in einem gemütlichen Garten bei hausgemachten Kuchen oder Brotzeiten und genießt die Ruhe. Für die Kleinen sind die Lamas und ein Pony die größten Highlights. Nach Anmeldung werden Lamawanderungen angeboten.
Navi: Thuisbrunn 5, 91322 Gräfenberg, Tel. 09197/406

Kuchenmühle
Über eine schöne Wanderung entlang der Aufseß ist die Kuchenmühle gut von Doos aus zu erreichen. Im großen Garten erwarten kleinere Kinder viele Spielgeräte und auch ein altes Mühlrad kann bewundert werden.
Navi: Kuchenmühle 21, 91346 Wiesenttal, Tel. 09196/377, **www.kuchenmühle.de**

Unterwegs in der Fränkischen Schweiz

Ebermannstadt ist an den Bahn-Regionalverkehr angeschlossen. Der VGN unterhält ein weit verzweigtes Liniennetz und bietet mit den Freizeitlinien in der Fränkischen Schweiz attraktive Verbindungen zu Wander- und Ausflugszielen.
Mehr Infos unter: **www.vgn.de/freizeitlinien**

Viele Ausflugsziele liegen außerhalb von Ortschaften oder in kleinen Orten, die nur unregelmäßig mit öffentlichen Verkehrsmitteln erreichbar sind, so dass häufig das Auto die beste Alternative ist.

Weitere Tipps

Mehr Infos zur Dampflok gibt es bei Wanderung 13 ab S.50

Museumsbahn Fränkische Schweiz
Von Mai bis Ende Oktober fährt die Museumsbahn Fränkische Schweiz an Sonn- und Feiertagen von Ebermannstadt nach Behringersmühle gemütlich durchs Wiesenttal. Eine Fahrt lässt sich ideal mit einer Wanderung von Station zu Station oder einer Radtour kombinieren.
Mehr Infos und der Fahrplan unter: www.dfs.ebermannstadt.de

Forchheim
Egal ob schlechtes Wetter oder strahlender Sonnenschein, die ehemalige Königsstadt Forchheim lohnt einen Besuch. In den verwinkelten Gassen der Altstadt lassen sich viele Fachwerkhäuser bewundern, die die Geschichte der Stadt widerspiegeln. Im ehem. Fürstbischöflichen Schloss ist das Pfalzmuseum untergebracht und bietet wechselnde Ausstellungen und die Spezialmuseen Archäologiemuseum Oberfranken, Stadtmuseum und Trachtenmuseum. Mit dem Königsbad bietet die Stadt ein modernes Hallen- und Freibad. Etwa 30 Minuten zu Fuß vom Zentrum entfernt liegt der Kellerwald, in dem etwa 20 Wirtschaften zur Einkehr einladen.
Mehr Infos zu Forchheim unter: www.forchheim-erleben.de

Osterbrunnen
Ab der Karwoche werden die Brunnen in der Fränkischen Schweiz festlich geschmückt. Dabei werden Girlanden, Fichtenzweige und vor allem reich verzierte Eier verwendet. Mit den Osterbrunnen wird an den Lebensspender Wasser erinnert, da in der Region durch den Dolomit- und Kalkstein häufig Wasserarmut herrschte.

Kirchweihen
Nahezu jede Kirche in der Fränkischen Schweiz hat ihre Kirchweih. Die Feste werden mit dem Aufstellen eines festlich geschmückten Kerwabaums eröffnet und dauern meist mehrere Tage. Es wird getanzt, gegessen und natürlich getrunken. Die Tourismuszentrale Fränkische Schweiz hat einen Kerwa-Kalender herausgegeben, der auch als pdf-Datei verfügbar ist: **www.fraenkische-schweiz.com/upload/downloads/pdfs/shop/Kirchweihfuehrer.pdf**

Erlebnis-Card Fränkische Schweiz
Mit der Erlebnis-Card lässt sich sparen. Viele touristische Einrichtungen akzeptieren die Karte und geben mind. 10 % Rabatt. Die Karte erhalten Übernachtungsgäste in der entsprechenden Touristinfo.
Mehr Infos zur Erlebnis-Card unter: www.fraenkische-schweiz.com/

Tourismuszentrale Fränkische Schweiz
Wer auf der Suche nach Tipps für die Fränkische Schweiz ist, ist hier gut beraten. Egal ob Prospekte, Wandertipps oder Übernachtungsmöglichkeiten – auf den Seiten der Tourimuszentrale wird man fündig: **www.fraenkische-schweiz.com**

Ein Familienwochenende im Fichtelgebirge

Das Fichtelgebirge bietet mit dem 1.051 Meter hohen Schneeberg und dem 1.024 Meter hohen Ochsenkopf die einzigen 1.000er in Franken. Dadurch zeigt sich eine Gebirgslandschaft, in der bereits mehr Nadelbäume zu finden sind. Besonders im Winter bietet dies den Vorteil, dass hier Langlaufen, Schlitten- oder Skifahren möglich ist, auch wenn in weiten Teilen Frankens kein Schnee mehr liegt. Aber auch im Sommer bietet das Fichtelgebirge eine Vielzahl an Möglichkeiten, ein abwechslungsreiches Wochenende zu verbringen!

Outdoor

Ochsenkopf

Der Ochsenkopf ist das wichtigste Freizeitziel im Fichtelgebirge und der Berg bietet zu jeder Jahreszeit viele Möglichkeiten! Im Sommer laden Wanderwege zu schönen Touren ein. Kinder können sich auf die Suche nach dem Wahrzeichen des Ochsenkopfs begeben. Größere Kinder werden sich an der Downhill-Strecke zur Seilbahnstation Süd erfreuen. Auf dem Gipfel erwartet die Besucher ein Aussichtsturm mit 360-Grad-Panorama. Zudem gibt es schöne Stellen, um es sich gemütlich zu machen.

An der Seilbahn Nord gibt es mit einer Rodelbahn und einem Kletterwald zwei weitere Attraktionen am Ochsenkopf.

Mehr Infos zum Kletterwald gibt es auf den Sonderseiten Klettern **36** auf S. 124

Felsenlabyrinth

Wenn man es nicht gesehen hat, glaubt man es nicht. Das Felsenlabyrinth bei Wunsiedel wirkt wie ein verwunschener Ort. Entlang des Weges geht es durch Felsöffnungen hindurch, über Felsleitern rauf und runter – es ist ein wahres Paradies für kleine Entdecker!

Mehr Infos zum Felsenlabyrinth gibt es bei Wanderung **2** ab S. 17

Fichtelsee

Sommer, Sonne, Abkühlung: Der Fichtelsee ist dazu genau der richtige Ort. Durch die Lage am Wald bietet er immer wieder schattige Stellen, aber auch

Mehr Infos zum Fichtelsee gibt es bei Wanderung 4 ab S. 23

schöne sonnige Abschnitte zum Baden oder Tretbootfahren. Im Wald am See befindet sich ein Waldspielplatz und im südlichen Bereich schöne Felsen, an denen die Kleinen kraxeln können. Um den See führt ein Rundweg.

Naturmoorbad Fleckl
In Fleckl, einem Ortsteil von Warmensteinach, steht für Schwimmer und Nichtschwimmer ein Moorbad am Waldrand zur Verfügung. Im Wasser sind Schwebstoffe des Moores enthalten und es gibt ein Becken mit einer Naturmoorfläche. Für Kinder gibt es noch einen Spielplatz. Der Eintritt ist frei.
Navi: Hintergeiersberg, 95485 Warmensteinach

Wildpark Mehlmeisel
Der kleine Wildpark in der Nähe von Fichtelberg zeigt heimische Tiere, die teilweise von einem mehrere Meter hoch verlaufenden Steg aus beobachtet werden können. Zudem gibt es eine Ausstellung über Steine und es wird gezeigt, wie diese nach fertiger Bearbeitung aussehen. Natürlich ist auch ein Streichelzoo für die Kleinen vorhanden! Im dazugehörigen Waldhaus befindet sich eine Umweltbildungsstation, in der Gegenstände mit allen Sinnen oder das Pflanzenwachstum im Zeitraffer erlebt werden können.

Mehr Infos zum Wildpark gibt es auf den Sonderseiten Tiere 47 auf S. 138

Navi: Waldhausstraße 100, 95694 Mehlmeisel, Tel. 09272/909812
Mehr zum Wildpark: www.waldhaus-mehlmeisel.de

Tierpark Röhrensee
Im Süden Bayreuths liegt der frei zugängliche Tierpark Röhrensee. In verschiedenen Gehegen oder Volieren lassen sich Tiere wie Bennett-Kängurus oder Nandus und Lamas bewundern. Der Tierpark ist in die Parklandschaft mit alten Bäumen eingebettet.
Navi: Pottensteiner Straße, 95447 Bayreuth
ÖPNV: 312, HS Röhrensee
Mehr zum Tierpark unter: www.tierpark-roehrensee.de

Indoor

Besucherbergwerke

Seit dem frühen Mittelalter wurde im Fichtelgebirge Bergbau betrieben. Vor allem Eisen, Silber oder Granit wurden abgebaut. Noch heute stehen viele Stollen für eine Besichtigung offen. Mit kleineren Kindern kann die Stimmung allerdings schnell kippen, da es meist eng ist und die Beleuchtung eher schummrig ist. Aber eindrucksvoll sind die Stollen und man lernt viel über die geologische Geschichte des Fichtelgebirges. Eine Auswahl an Bergwerken:

- Silbereisenbergwerk Gleissinger Fels, Fichtelberg
- Bergbaumuseum Kleiner Johannes, Arzberg
- Besucherbergwerke Schmutzlerzeche und Mittlerer Name Gottes, Goldkronach
- Goldwaschen, Goldkronach

Automobilmuseum Fichtelberg

Auto-, Motorrad- und Flugzeugfreunde kommen im Automobilmuseum Fichtelberg auf ihre Kosten. Auf zwei Stockwerken und einem Freigelände werden die Ausstellungsstücke präsentiert. Von Oldtimern bis zu Fahrzeugen der neueren Zeit finden sich Autos u.a. der Marken Mercedes, Jaguar, Lamborghini oder auch ein DeLorean, wie er in „Zurück in die Zukunft“ als Zeitmaschine verwendet wird. 2018 wird das Museum erweitert und bietet danach noch mehr Ausstellungsfläche für die Besucher.

Navi: Nagler Weg 9-10, 95686 Fichtelberg, Tel. 09272/6066
ÖPNV: Bus 369 (Bayreuth – Bischofsgrün)
Mehr Infos und Öffnungszeiten unter: www.amf-museum.de

Oberfränkisches Bauernhofmuseum

Eine Zeitreise in das Bäuerliche Leben von früher – der Dietelhof in Kleinlosnitz, einem Teil der Marktgemeinde Zell im Fichtelgebirge, wurde Stück für Stück renoviert und in ein Museum übertragen. Heute zählen ein schönes Freigelände und weitere Gebäude zum Museum. Die Besucher erwarten ver-

schiedene Ausstellungen und auch Aktionen für Kinder. In der Gaststube sollte der Kuchen probiert werden!
Navi: Kleinlosnitz 5, 95239 Zell im Fichtelgebirge, Tel. 09251/3525
Mehr Infos zum Museum unter: www.kleinlosnitz.de

Im Schnee

Das Fichtelgebirge bietet mit seinen Höhenlagen bis über 1.000 Meter gute Wintersportmöglichkeiten. Vor allem am Ochsenkopf konzentrieren sich viele Angebote.
• Skilifte – u.a. am Ochsenkopf, in Warmensteinach, in Mehlmeisel oder am großen Kornberg
• Loipen – u.a. am Ochsenkopf, am Kornberg oder in Kösseine-Luisenburg
• Zum Rodeln stehen viele kleinere Hänge zur Verfügung. Etwas längere Abfahrten finden sich in der Nähe des Moorbades Fleckl und an der Luisenburg bei Wunsiedel.
• Auf Winterwanderwegen lässt sich die verschneite Landschaft besonders schön entdecken. Der Winterwanderweg Ochsenkopfrunde ist als Qualitätswanderweg ausgezeichnet und verläuft um den Ochsenkopf. Der Einstieg ist überall möglich und durch Busverbindungen kann die Streckenlänge variiert werden. Weitere Winterwanderwege finden sich beim Freilandmuseum Grassemann, am Fichtelsee, bei Bischofsgrün und Neugrün.

Übernachten

Das Fichtelgebirge bietet sehr viele Übernachtungsmöglichkeiten. Vom Urlaub auf dem Bauernhof, Ferienwohnungen, Pensionen bis hin zum Wellnesshotel ist alles angeboten. Auch für größere Gruppen stehen Übernachtungsmöglichkeiten zur Verfügung.

Naturfreundehaus „An der Königsheide“
Absolute Ruhe am Waldrand erwartet die Gäste des Hauses, das sich als Urlaubsdomizil für mehrere Familien anbietet. Das rustikal eingerichtete Haus bietet für bis zu etwa 20 Personen Platz und bietet alles, was für diese Personenzahl benötigt wird. Buchbar ist das Haus über die Naturfreunde Bayreuth.
Navi: Rügersberg 13, 95466 Weidenberg

Mehr Infos unter: www.koenigsheide.net

Camping Fichtelsee
Ein schön gelegener Campingplatz in unmittelbarer Nähe zum Fichtelsee.
Navi: Fichtelseestr. 30, 95686 Fichtelberg, Tel. 09272/801
Mehr Infos unter: www.camping-fichtelsee.de

Unterwegs im Fichtelgebirge

Arzberg, Bayreuth, Marktredwitz, Selb und Weidenberg sind an den Bahnverkehr angebunden. Darüber hinaus bietet der VGN die beiden Freizeitlinien 329 und 369 an.
Mehr Infos zu den Freizeitlinien: www.vgn.de/freizeitlinien/fichtelgebirgslinien

Die Verkehrsgemeinschaft Fichtelgebirge bietet in der ganzen Region einen Busverkehr an.
Mehr Infos zur VGF: www.vgf-web.de

Weitere Tipps

Deutsches Dampflokomotiv Museum

Eisenbahngeschichte erleben – das könnte man über das Deutsche Dampflokomotiv Museum erzählen. Das Museum liegt in Neuenmarkt an der „Schiefen Ebene“, wo die erste europäische Steilstrecke in Betrieb genommen wurde. In ehemaligen Bahngebäuden werden verschiedene Dampflokomotiven gezeigt. Eine Modellbahn bildet den Streckenabschnitt der „Schiefen Ebene“ nach. Zudem lädt ein etwa 9 km langer Lehrpfad entlang der Strecke dazu ein, mehr über diese zu erfahren und die Bauwerke direkt zu bewundern.
Navi: Birkenstraße 5, 95339 Neuenmarkt, Tel. 09227/5700
Mehr zum Museum: www.dampflokmuseum.de

Bayreuth

Sollte das Wetter nicht mitspielen oder der Wunsch nach einer Stadt da sein, dann ist Bayreuth ein nahes Ausflugsziel. In der Stadt stehen mehrere Bäder wie das Stadtbad aus den 1920er-Jahren oder die Lohengrin Therme zur Verfügung. Mit dem zum UNESCO-Welterbe zählenden Markgräflichen Opernhaus beheimatet die Stadt sogar eine der Top-100-Sehenswürdigkeiten Deutschlands. Darüber hinaus bietet Bayreuth schöne Parks, in denen Besucher spazieren und entspannen können. Besonders zählen dazu der barocke Schlosspark der Eremitage und das ehemalige Landesgartenschaugelände am Roten Main.

Mehr Infos zum Landesgartenschaugelände gibt es bei Wanderung 5 ab S. 26

Mehr Infos zu Bayreuth unter: www.bayreuth.de

Geopark Bayern–Böhmen

Der Geopark blickt auf eine mehr als 500 Millionen Jahre geologisch rekonstruierbare Geschichte zurück und aus vielen Epochen sind steinerne Zeugnisse vorhanden. Durch die geologischen Prozesse sind zahlreiche Bodenschätze entstanden, die in den Bergwerken der Region abgebaut wurden. Zudem lässt sich die Geschichte auf Geo-Touren zu Granit, Boden oder Vulkanen erleben.
Navi: Marktplatz 1, 92711 Parkstein, Tel. 09602/9398166
Mehr Infos zum Geopark gibt es unter: www.geopark-bayern.de

Mehr Infos und Tipps zum Fichtelgebirge bietet die Tourismuszentrale Fichtelgebirge unter: www.tz-fichtelgebirge.de

Ein Familienwochenende im Steigerwald und in Mainfranken

Der Steigerwald ist eine waldreiche Region zwischen Main im Norden und Aisch im Süden. Während im Westen mit Mainfranken der Weinanbau im Vordergrund steht, zählt der Osten mit dem Bamberger Land zu Bierfranken. Die vielen Buchenwälder machen den Naturpark zu einem einzigartigen Erlebnis, in dem es viele Wander- und Radwege wie den Mainradweg gibt. Mit dem Baumwipfelpfad bei Ebrach hat der Steigerwald seit 2016 einen Besuchermagneten. In Mainfranken laden viele kleine Weinorte mit schönen Wanderwegen in den Weinbergen und mit Heckenwirtschaften ein. Im Herbst bietet sich hier ein einzigartiges Farbenspiel.

Outdoor

Zabelstein mit Waldspielplatz

Der Zabelstein ist ein 489 Meter hoher Ausflugsberg im südlichen Landkreis Schweinfurt. Über verschiedene Routen gelangt man auf den Berg und kann dort von einem knapp 20 Meter hohen Turm die Aussicht über den Steigerwald genießen. In der Nähe befindet sich ein sehr schöner Waldspielplatz mit kleinem See, über den ein Floß gezogen werden kann. Wasserspiele, Sandkasten, Schaukeln und Bänke im Wald runden das Angebot ab. Hier lässt sich ein ganzer Nachmittag verbringen!

Auf den Zabelstein führen Wanderwege vom Waldspielplatz (etwa 3,5 km) oder von Neuhof bei Altmannsdorf (etwa 1,5 km).

Anfahrt: A70 Ausfahrt Haßfurt, weiter Richtung Donnersberg/Hundelshausen. In Altmannshausen Abzweigung nach Neuhof bzw. nach Hundelshausen Abzweigung Richtung Fabrikschleichach, um zum Waldspielplatz zu gelangen.

Baumwipfelpfad Steigerwald

Seit Frühjahr 2016 lässt sich der Steigerwald bei Ebrach von einem 42 Meter hohen Turm überblicken. Durch den Buchenwald führt auf 26 Meter Höhe der 1150 Meter lange Baumwipfelpfad. Zu jeder Jahreszeit ist dieser ein schönes Ausflugsziel und bietet immer wieder neue Blicke auf und über den Wald.

Mehr Infos zum Baumwipfelpfad gibt es bei Wanderung 25 ab S. 86

Navi: Radstein 2, 96157 Ebrach
ÖPNV: VGN Freizeitlinie 990 (Bamberg/Hirschaid – Ebrach)
Mehr Infos unter: www.baumwipfelpfadsteigerwald.de

Sander Baggersee mit Naturerlebnispfad

An schönen Sommertagen bietet ein Baggersee mit schönen Sandstränden bei Sand am Main die perfekte Abkühlung. Egal ob mit Luftmatratze oder Boot, es gibt viel zu entdecken! Am See können zudem Muscheln gefunden werden und ein Naturerlebnispfad lockert den Tag am See auf. Wer möchte, kann direkt am See auf dem Campingplatz übernachten.

Mehr Infos zum See gibt es auf den Sonderseiten Baden 51 auf S. 144

Navi: Uferstraße, 97522 Sand a. Main
ÖPNV: Bus 1153 und 1154 (vom Bahnhof Haßfurt), HS Sand Kirchplatz, kurzer Fußweg

Steigerwald Panoramaweg

Der Steigerwald Panoramaweg ist als „Qualitätsweg Wanderbares Deutschland" ausgezeichnet und führt auf insgesamt 160 km von Bamberg bis Bad Windsheim durch den Steigerwald. Es geht über Wiesen, vorbei an Weinbergen, durch Wälder und Flusstäler und immer wieder bieten sich sehr schöne Ausblicke auf die reizvolle Landschaft.

Mehr Infos unter: www.steigerwald-panoramaweg.de

Mit dem Rad durch den Steigerwald & Mainfranken

Der 2-Franken-Radweg führt von Würzburg über Gerolzhofen, Ebrach und Burgebrach auf rund 100 km von Weinfranken nach Bierfranken. Die Route lässt sich schön in vier Etappen aufteilen.

Mehr Infos unter: www.radkompass.de/Radfernweg/2-franken-radweg.html

Der Weinradweg am Main startet an der Mainbrücke in Hallstadt und verläuft nahezu eben auf der nördlichen Mainseite bis Zeil am Main.

Schlangenweg Zell am Ebersberg
Entlang des tief eingeschnittenen Böhlbachs schlängelt sich der Schlangenweg vom Ortstrand von Zell am Ebersberg durch die reizvolle Landschaft des Steigerwaldes. Die 10 km lange Wanderung lässt sich problemlos zu einer 5 km langen Wanderung verkürzen. Mit etwas Glück können bei regnerischem Wetter Feuersalamander beobachtet werden.
Navi: Böhlstraße, Zell a. Ebersberg, 97478 Knetzgau

Höllental und Mainblick
Auf einer Anhöhe zwischen Schweinfurt und Mainberg führt der Panoramaweg auf knapp 8 km durch Weinberge und Wälder, vorbei an der über 200 Jahre alten Ernst-Sachs-Eiche, bietet u.a. vom Aussichtsturm an der Peterstirn schöne Ausblicke auf das Maintal und Schloss Mainberg.

Navi: Höllental (am Biotop), 97422 Schweinfurt
Mehr Infos unter: www.schweinfurt360.de/informationen/info-broschueren/hoellental-und-mainblick

Flussparadies Mainaue
Entlang des Mains zwischen Hallstadt und Haßfurt wurden im Rahmen des Life-Naturprojekts Mainaue Naturerlebnispfade und Aussichtstürme geschaffen. Entlang der Wege erfahren die Wanderer viel über das Leben entlang des Mains und können die heimische Tierwelt beobachten. Besonders empfehlenswert ist der Naturlehrpfad um den Hochrheinsee bei Sand a. Main und ein kurzer Mainauenweg bei Ziegelanger.

Naturbad Acquasana Ebrach
Mitten in der Natur liegt das Naturbad Ebrach. Das Bad verzichtet auf Chemie und setzt auf biologische Wasseraufbereitung. Ein Plantschbecken mit Spielplatz runden das Angebot ab.
Direkt anschließend liegt der Campingplatz Weihersee, von dem aus ein Wanderweg entlang der Mittleren Ebrach zum gleichnamigen See führt.
Navi: Schwimmbadweg, 96157 Ebrach, Tel. 09553/1370
ÖPNV: Bus 991, HS Marktplatz (kurzer Fußweg)
Mehr Infos unter: www.acquasana.de

Ellertshäuser See
Etwa 15 km nordöstlich liegt der Ellertshäuser See und bietet alles, was es zu einem Tag am See braucht – schöne Bademöglichkeiten, einen Boots-

verleih und Spielplatz, Einkehrmöglichkeiten, aber auch ein Kletterpark befindet sich in nächster Nähe. Um den See führt ein schöner Rundweg, der auch im Winter zu empfehlen ist.

Mehr Infos zum See gibt es bei der Wanderung 21 ab S. 74 und auf den Sonderseiten Baden 53 auf S. 145

Navi: Uferstraße 1, 97488 Stadtlauringen
ÖPNV: Bus 8130 (von Schweinfurt), HS Fuchsstadt (mit Fußweg)

Wasserwandern auf dem Main
Bei einer Kanutour auf dem Main werden der Fluss und die Landschaft aus einer ganz besonderen Perspektive wahrgenommen. Der Fluss ist ideal für Freizeitpaddler, die gemütlich vorankommen wollen. Der Fluss ist in zahlreiche Abschnitte untergliedert, die sich als Tagesetappen anbieten. Die entsprechende Infrastruktur mit Bootsverleihern und Übernachtungsmöglichkeiten ist vorhanden.
Hinweis: Die Verfügbarkeit von Booten sollte rechtzeitig geklärt werden!
Mehr Infos unter: www.main-wasserwandern.de

Indoor

Bauernmuseum Frensdorf
Das Bauernmuseum Frensdorf ist in einem ehemaligen Bauernhof untergebracht. Im Wohnhaus können Schablonenmalereien und originale Möbel aus den 1920er-Jahren bestaunt werden und es zeigt sich die Lebens- und Arbeitswelt auf einem Bauernhof. Neben verschiedenen Angeboten für Kinder gibt es jährlich wechselnde Ausstellungen und einen großen Museumsgarten.
Navi: Hauptstraße 5, 96158 Frensdorf, Tel. 09502/8308
ÖPNV: Bus 978 (Bamberg – Pommersfelden), HS Frensdorf Reundorfer Straße
Mehr Infos unter: www.trachtenberatung-oberfranken.de

Steigerwald-Zentrum
Im Steigerwald-Zentrum erleben die Besucher Nachhaltigkeit am Beispiel der Holzbewirtschaftung. Neben einer Dauerausstellung mit verschiedenen Mitmachstationen gibt es regelmäßige Wechselausstellungen.

Navi: Handthal 56, 97516 Oberschwarzach, Tel. 09382/31998-0

Mehr Infos zum Steigerwald-Zentrum gibt es bei Wanderung 25 ab S. 86

Mehr Infos unter: http://steigerwald-zentrum.de

Deutsches Fastnachtmuseum
Die Besucher in Deutschlands erstem Fastnachtmuseum erwarten Mitmachstationen, Fastnachtmasken, Orden oder ein virtuelles Narrentheater, in dem Geschichten aus verschiedenen Regionen erzählt werden. Kinder können sich im Museum natürlich verkleiden.
Navi: Luitpoldstraße 4, 97318 Kitzingen, Tel. 09321/23355
Mehr Infos unter: https://deutsches-fastnachtmuseum.byseum.de

Übernachten

Campingplatz Weihersee

Der Campingplatz liegt ruhig im Weiherseetal am Ortsrand von Ebrach. Neben Stellplätzen kann ein Wohnwagen gemietet werden und es stehen eine Lärchenhütte sowie ein Baumhaus zur Verfügung. Der nahe Mondsee kann mit einem Floß befahren werden und in nächster Nähe gibt es viele Spiel- und Ausflugsmöglichkeiten.
Navi: Schwimmbadweg 21, 96157 Ebrach, Tel. 09553/9890579
Mehr Infos unter: www.weihersee.de

Campingplatz Sand am Main
Für ein entspanntes Wochenende ist der Campingplatz in Sand am Main perfekt geeignet. Zum See sind es nur ein paar Schritte und auch ein Naturerlebnispfad startet in nächster Nähe. Auch in den Ort sind es nur ein paar Minuten zu Fuß.
Navi: Pappelallee 7, 97522 Sand a. Main, Tel. 09524/822270
Mehr Infos unter: www.campingplatz-sand-am-main.de

Essen

Schmausenkeller
Schön am Waldrand bei Reundorf im Bamberger Land liegt der Schmausenkeller und bietet kalte und warme Speisen. Für Kinder steht ein großer Spielplatz mit großem Klettergerüst, Rutschen, Schaukeln zur Verfügung. Durch die Lage direkt am Wald bieten sich hier weitere Spielmöglichkeiten.
Navi: Am Bahnhof 13, 96158 Reundorf, Tel. 09502/608
Mehr Infos unter: www.schmausenkeller.de

Heckenwirtschaften
Ein kleiner Garten reicht schon aus, um Wein auszuschenken und eine Brotzeit anzubieten. Die Heckenwirtschaften in Weinfranken bieten saisonal eine kleine Auswahl typischer Produkte aus der regionalen Küche und lokalem Wein. Nach einer Wanderung oder einer Radtour sind sie eine willkommene Einkehrmöglichkeit.
Eine Auswahl an Heckenwirtschaften gibt es unter:
www.heckenwirtschaften-franken.de

Frey am Zabelstein
Das Frey am Zabelstein ist eine kleine Wirtschaft auf dem Weg zum Zabelstein. Der Rundbau ist komplett aus Holz mit vielen Schnitzereien und bietet innen und außen Sitzplätze. Neben Brotzeiten gibt es auch kleine warme Gerichte.
Mehr Infos unter: http://www.freyamzabelstein.de

Kellerhaus Pommersfelden
Von der Terrasse des Cafés bietet sich ein schöner Blick auf das nahe Schloss Weißenstein. Neben dem Cafébetrieb bietet das Kellerhaus verschieden Konzerte und Ausstellungen. Ein Besuch lässt sich mit einer Schlossbesichtigung und einer Wanderung um Pommersfelden verknüpfen.
Navi: Kellerberg 1, 96178 Pommersfelden, Tel. 09548/982198
Mehr Infos unter: www.kellerhaus-pommersfelden.de

Unterwegs im Steigerwald & in Mainfranken

VGN Freizeitlinien
Die Freizeitlinien verbinden an Wochenenden und Feiertagen zwischen Mai und Ende Oktober touristische Ziele. Hier ist ein reguläres VGN-Ticket nötig.
107 (Mainschleifenexpress): Kitzingen–Mainschleife
108 (Dorfschätze-Express): Iphofen–Prichsenstadt
109 (Boxbeutel-Express I): Uffenheim–Iphofen
110 (Boxbeutel-Express II): Bad Windsheim–Uffenheim–Markt Bibart
990 (Steigerwaldexpress): Bamberg/Hirschaid–Ebrach/Schlüsselfeld (mit Fahrradanhänger)
Mehr Infos unter: www.vgn.de/freizeitlinien

Zug
Im Norden verläuft die Bahnlinie Bamberg–Schweinfurt–Würzburg mit Anschlussmöglichkeit in Seligenstadt zur Mainschleifenbahn. Im Süden bietet die Bahnlinie Nürnberg–Kitzingen–Würzburg Anschlussmöglichkeiten.

Weitere Tipps

Freizeitland Geiselwind

Egal ob rasante Fahrt in einer Achterbahn, spritziges Vergnügen in der Wildwasserbahn oder eine gemütliche Fahrt mit dem Familienriesenrad, im Freizeitland Geiselwind ist für jeden etwas dabei. Dazu gibt es einen Streichelzoo und Auftritte verschiedener Künstler. Allerdings ist ein Besuch ein kostspieliges Vergnügen, liegt der Eintrittspreis für eine 4-köpfige Familie bei etwa 100,- €. Geburtstagskinder haben freien Eintritt.

Öffnungszeiten: Mitte März bis Anfang November
Navi: Wiesentheider Str. 25, 96160 Geiselwind, Tel. 09556/921192
Mehr Infos unter: http://freizeit-land.bayern

Mainschifffahrt

Wenn es einmal etwas gemütlich sein soll, ist eine Schifffahrt auf dem Main genau das Richtige. Neben Tagestouren von Schweinfurt bis Kitzingen werden auch kürzere Routen angeboten. Mit der „Undine" geht es z.B. von Volkach in etwa 90 Minuten um die nördliche Mainschleife. Neben den Ausflugsschiffen bieten die zahlreichen Fähren die Möglichkeit, auf beiden Uferseiten den Main zu erkunden.

Mehr Infos unter: www.fraenkisches-weinland.de/schifffahrt

Schweinfurt

Auf den ersten Blick zählt Schweinfurt nicht zu den ansprechendsten Städten, ist aber ein schönes Ausflugsziel, auch wenn das Wetter mal nicht mitspielt. Bei einem Spaziergang entlang der Gutermann-Promenade mit dem Walzenwehr-Denkmal oder in der Judengasse mit der südlichen Altstadt zeigt die Stadt ihre schönen Seiten. Am Südufer des Mains laden die Wehranlagen, eine Parkanlage, die im 19. Jahrhundert entstanden ist, mit großem Springbrunnen und Abenteuerspielplatz zu einem Besuch ein. Nördlich des Stadtzentrums liegt der Wildpark an den Eichen. Museen, wie das kleine Museum, das eine Hundertwasser-Ausstellung beheimatet, sind für Kinder ein Erlebnis. Es gibt keine geraden Linien an den Fußböden und diese leuchten in bunten Farben.

Mehr Infos unter: www.schweinfurt360.de

Zisterzienserabtei Ebrach
Die Klosteranlage in Ebrach ist ein eindrucksvolles Bauwerk, das in romanischer, später in frühgotischer Bauweise erbaut wurde und im 18. Jahrhundert durch Leonhard Dientzenhofer eine Umgestaltung in eine barocke Schlossanlage erfuhr. Die Kirche mit der großen Fensterrosette ist frei zugänglich.
Navi: Rathausplatz 2, 96157 Ebrach

Gerolzhofen
Am Übergang zwischen Steigerwald und Mainfranken liegt Gerolzhofen, das sich als Ausgangspunkt für Wanderungen und Radtouren in die Region besonders gut eignet. Das Stadtmuseum zeigt in einer Dauerausstellung den Welterfolg der Nähmaschine und mit dem Schulmuseum wird eine Dorfschule des späten 19. Jahrhunderts erlebbar gemacht. Mit dem Geomaris bietet Gerolzhofen ein Erlebnisbad mit Innen- und Außenbereich.
Mehr Infos unter: www.gerolzhofen.de

Ein Familienwochenende in den Haßbergen und im Coburger Land

Burgen, Wein und Main – die Haßberge und das Coburger Land bieten viele Freizeitmöglichkeiten für Familien. Die sanfte Hügellandschaft zeichnet sich durch schöne Wander- und leichte Fahrradrouten aus und bietet mit dem Deutschen Burgenwinkel eine Vielzahl an Burgen und Schlössern, die erkundet werden können. Durch die Nähe zu Thüringen und zum Oberen Maintal bieten sich auch Ausflüge in die benachbarten Regionen an.

Outdoor

Veitenstein

Mit Kindern ist der Veitenstein ein besonderes Wanderziel. Vom Felsen aus lassen sich die Haßberge sehr schön überblicken und um die Felsen lädt eine

Erkundungstour ein. Eine kleine Hütte lädt zu einer Rast mit Brotzeit ein. Vor allem die mit Moos bewachsenen Inschriften an den Felsen geben spannende Rätsel auf. Eine Naturhöhle am Veitenstein kann nach Voranmeldung besichtigt werden.

Der Veitenstein kann sowohl von Baunach bzw. Reckendorf (mit der Bahn erreichbar) als auch von Lußberg erwandert werden.

Mehr Infos und Kontakt unter: http://hassbergverein-veitenstein.de.tl

Abt-Degen-Steig

Zwischen Zeil am Main und Ebelsbach verläuft der Abt-Degen-Steig durch die Weinberge. Ein besonders schöner und kürzerer Abschnitt befindet sich bei Ziegelanger, wo ein besonders auffälliges Weinberghäuschen und eine historische Winzertreppe zu finden sind. Die leichten und sonnigen Wege sind auch gut mit einem Kinderwagen zu befahren. Vom Weinberg aus bieten sich schöne Ausblicke ins Maintal mit der Wallfahrtskirche Limbach.

Navi: Ziegelanger, 97475 Zeil am Main

Mehr Infos unter: http://wanderzwerg.eu/weinwanderung

Steinerlebnispfad

Entlang des Steinerlebnispfads bei Maroldsweisach dreht sich alles um Steinbearbeitung und um Sinneserfahrungen mit Steinen. Auf dem knapp 4 km langen Rundkurs wird der Steinbruch am Zeilberg umrundet, in dem immer noch gearbeitet wird. Es kann dann auch passieren, dass der Signalton für eine Sprengung ertönt oder die großen Caterpillar LKWs an einem vorbeifahren.

Navi: Geroldswind, 96126 Maroldsweisach

Mehr Infos unter: www.maroldsweisach.de/Steinerlebnispfad.html

Deutscher Burgenwinkel

Im Deutschen Burgenwinkel in den Haßbergen lässt sich das Mittelalter hautnah erleben. Eine Vielzahl an Burgen und Schlössern laden zu einem Ausflug ein und im Burgeninformationszentrum in Altenstein erfahren die Besucher viel Wissenswertes über diese Zeit und das Leben auf Burgen. Dazu gibt es viele kleine Orte wie Ebern, Hofheim oder Königsberg mit Fachwerkhäusern, in denen ein Ausflug ausklingen kann. Empfehlenswerte Wandermöglichkeiten gibt es entlang des Burgen- und Schlösserwanderweges.

Mehr Infos unter: http://deutscher-burgenwinkel.de

Mehr Infos zu Altenstein und anderen Burgen gibt es auf den Sonderseiten Burgen 67 auf S. 157

Burgruine Raueneck

Die Burgruine liegt etwas erhöht und sonnig, ist von Wald umgeben und lässt sich auf schönen Wegen erwandern. Im Inneren kann eine längere Spielpause mit ausgedehnter Brotzeit eingelegt werden.

Navi: Wanderparkplatz zwischen Vorbach und Neuses am Raueneck, 96106 Ebern

Mehr Infos unter: www.ebern.de/index.php/13-freizeitangebote/118-burgruinen

Schmachtenburg bei Zeil am Main

Nahe dem Zeiler Käppele liegt die Schmachtenburg, von der noch einige Mauern erhalten sind. Der Weg zur Ruine führt anfangs an Feldern vorbei und mündet im Wald. Die Aussicht auf das Maintal ist grandios! Für die Kleinen ist die Burg ein schöner Abenteuerspielplatz.
Navi: Kapellenberg 2, 97475 Zeil am Main

Weinradweg am Main

Eine gemütliche und leichte Familienradtour von Hallstadt nach Zeil am Main. Nahezu ohne Steigungen verläuft die Tour unterhalb der Weinberge durch das Maintal. Die etwa 24 km lange Strecke kann durch verschiedene Bahnhöfe unterbrochen und abgekürzt werden. Eine Rückfahrt ist zudem auf dem Mainradweg möglich.

Laufparadies Haßberge

Für Freunde des Trailrunnings bieten die Haßberge schöne Strecken, die erkundet werden können. Im Web finden sich 68 ausgeschilderte Einzelstrecken, die von 5 km bis 30 km reichen. Zu den Touren können die gpx-Daten geladen werden.
Mehr Infos unter: www.laufparadies.info

Wasserwandern auf Itz und Main

Wer die Haßberge, das Coburger Land oder das Obere Maintal gemütlich erkunden möchte, kann dies beim Wasserwandern auf Itz oder Main machen. Zwischen Hausen und Hallstadt ist der Main ohne Schleuse ein idealer Fluss, um erste Erfahrungen mit dem Kanu zu machen. Auch im weiteren Flussverlauf bieten sich schöne Abschnitte, um auf dem Wasser zu wandern. Die Itz verläuft von Obermerzbach durch den Itzgrund an Wiesen und Feldern vorbei, bevor der Fluss bei Baunach in den

Main mündet. Bootsverleiher und zahlreiche Übernachtungsmöglichkeiten bieten die nötige Infrastruktur. Speziell in den Schulferien und an den Wochenenden sollten Boote langfristig angefragt werden!
Mehr Infos zum Wasserwandern unter: www.landkreis-bamberg.de/Erleben/Tourismus-und-Freizeit/Aktiv-sein/Kanutouren/

Staffelberg
Hoch über dem Maintal thront der Berg der Franken. Auf leichten Wegen lässt sich der Berg von Bad Staffelstein über Romansthal oder von Vierzehnheiligen aus erwandern. Das Gipfelplateau lädt zu einer ausgiebigen Spiel- und Brotzeitpause ein und bietet einen einzigartigen Blick auf das Maintal und Kloster Banz. Gerade im Frühjahr und Herbst sehr schön, da es sehr sonnig ist.
Mehr Infos unter: https://wanderzwerg.eu/staffelberg/

Indoor

Dokumentationszentrum Zeiler Hexenturm
Im Stadtturm in Zeil ist das Dokumentationszentrum zu mittelalterlichen Hexenverfolgungen und -verbrennungen untergebracht. Das Thema wird anhand von zahlreichen Dokumenten aufbereitet und den Besuchern anschaulich dargestellt.
Navi: Obere Torstraße 14, 97475 Zeil a. Main, Tel. 09524/949-861
Mehr Infos unter: www.zeiler-hexenturm.de

Astronomiemuseum Sonneberg
Eine kurze Anfahrt von Coburg entfernt liegt das Astronomiemuseum, in dem die Besucher vieles über das Sonnensystem, die Planeten und die Sonne lernen. Bei klarem Wetter werden samstags ab der Dämmerung Sternenbeobachtungen angeboten.
Navi: Sternwartstr. 32, 96515 Sonneberg, Tel. 03675/81218
Mehr Infos unter: www.astronomiemuseum.de

Übernachten

Ferienhaus im weißen Lamm
Das Ferienhaus kann mit bis zu 19 Personen belegt werden, aber auch in kleineren Einheiten gemietet werden. Im Ort liegt das Schloss Friesenhausen mit einem schönen Naturgarten.
Navi: Pfarrer-Hofmann-Straße 7, 97491 Friesenhausen, Tel. 03675/81218
Mehr Infos unter: www.ferienhaus-im-lamm.de

Naturfreundehaus Warme Sonne
Das Selbstversorgerhaus mit 8 Schlafräumen bietet bis zu 21 Personen Platz und liegt etwa 1 km außerhalb von Zeil am Main.

Navi: An der Steige 1, 97475 Zeil am Main
Mehr Infos unter: www.naturfreunde-zeil.de

Jugendherberge Königsberg i. Bayern
Zwischen Ort und Burg liegt die Jugendherberge und bietet neben Familienzimmern 2- bis 10-Bett Zimmer. Eine spezielle Ausstattung für Familien ist vorhanden.
Navi: Schlossberg 10, 97486 Königsberg, Tel. 09525/237
Mehr Infos unter: www.jugendherberge.de/net/jugendherbergen/koenigsberg-233/portraet

Essen

Staffelbergklause
Nach einer Wanderung auf den Staffelberg ist die Staffelbergklause eine willkommene Einkehrmöglichkeit. Von der Terrasse aus bietet sich ein schöner Ausblick Richtung Vierzehnheiligen.
Mehr Infos unter: www.facebook.com/Staffelberg-Klause-302258903227083

Berghospiz „Zeiler Käppele“
Nach einer Wanderung am Zeiler Käppele, der Schmachtenburg oder durch die Weinberge bei Ziegelanger ist die Berghospiz eine schöne Einkehrmöglichkeit. Es gibt viele Plätze im Freien und die Kinder können auf der angrenzenden Wiese spielen.
Navi: Kapellenberg 2, 97475 Zeil am Main, Tel. 09524/1009

Heckenwirtschaften
Ein kleiner Garten reicht schon aus, um Wein auszuschenken und eine Brotzeit anzubieten. Entlang des Mains bieten Heckenwirtschaften saisonal eine kleine Auswahl typischer Produkte aus der regionalen Küche und natürlich lokalem Wein. Nach einer Wanderung oder einer Radtour sind sie eine willkommene Einkehrmöglichkeit.
Eine Auswahl an Heckenwirtschaften gibt es unter: www.heckenwirtschaften-franken.de

Unterwegs in den Haßbergen & im Coburger Land

Coburg liegt an der ICE-Trasse München–Berlin und ist gut mit dem Zug erreichbar. Zwar halten nur wenige ICE-Züge, aber es gibt schnelle RE-Verbindungen. Von Coburg aus gibt es Busse zu den Orten im Landkreis. In den südlichen Haßbergen sind viele Orte an die Bahnlinie Bamberg–Würzburg angebunden. Der gesamte Landkreis Haßfurt ist Mitglied im VGN, sodass die Buslinien und Regionalzüge mit einem Ticket benutzt werden können.

Ohne Auto wird ein Wochenendurlaub in den Haßbergen und im Coburger Land oftmals schwierig.
Mehr zu den VGN-Linien im Landkreis Haßberge unter: www.vgn.de/liniennetze/landkreis_haßberge

Weitere Tipps

Königsberg i. Bayern

Verwinkelte Gassen, viele Fachwerkhäuser, eine Burg und tolle Freizeitmöglichkeiten wie der Erlebnispfad „Natour" in nächster Umgebung. Königsberg ist einen Besuch wert oder ist ein schöner Aufenthaltsort für ein Familienwochenende. Ein fest eingerichteter Kunsthandwerkerhof lädt zum Bummeln und Kaffeetrinken ein. Am zweiten Adventswochenende findet ein Adventsmarkt auf dem historischen Markt statt.

Mehr Infos unter: www.koenigsberg.de

Coburg

Von weitem ist die Veste Coburg bereits zu sehen – sie thront hoch über der Stadt und ist über den Hofgarten leicht zu Fuß erreichbar. Schon Martin Luther wohnte hier. Am Schlossplatz lässt sich mit der Ehrenburg die Geschichte des Hochadels erleben. Nicht nur bei schlechtem Wetter ist das Naturkundemuseum im Hofgarten eine schöne Anlaufstelle. Im Museum gibt es Wissenswertes zu Geologie, Zoologie und zur Völkerkunde.

Mehr Infos zur Veste gibt es auf den Sonderseiten Burgen 59 auf S. 152

Mehr Infos unter: www.coburg-tourist.de

Ritterkapelle Haßfurt
Den Namen hat die Kirche durch die knapp 250 Wappenschilder deutscher Adelsgeschlechter, die im Chor der Kirche angebracht sind. Damit ist die Kapelle ein äußerst bedeutendes Wappenbuch des deutschen Adels. In Kombination mit den vielen Burgen der Region ein lohnendes Ziel, aber bitte beachten: Es ist ein Gotteshaus und sollte als solches respektiert werden.
Navi: Obere Vorstadt 17, 97437 Haßfurt
Mehr Infos unter: www.ritterkapelle.de

Märchenwald Sambachshof
Südlich von Bad Königshofen liegt der Märchenwald mit einer Vielzahl an Attraktionen vor allem für kleinere Kinder. Entlang der Wege zwischen den Fahrgeschäften und Spielgeräten können Märchen erlebt werden..
Navi: Sambachshof 1, 97631 Bad Königshofen, Tel. 09761/2614
Mehr Infos unter: www.maerchenwald-sambachshof.de

Monsterpark Rattelsdorf
Der Traum vieler Kinder – am Steuer eines Baggers sitzen und eine Grube ausheben. Im Monsterpark ist genau dies möglich und nicht nur Kinder finden daran Gefallen! Neben verschiedenen Baggern und Radladern können die Kleinen mit dem Quad fahren, im Bällebad toben oder das Baumaschinenmuseum besuchen.
Navi: Im Stock 11, 96179 Rattelsdorf, Tel. 09547/304 (Werktags von 9.00–13.00 Uhr); Tel. 09547/8735540 (Wochenende von 10.00–18.00 Uhr)
Mehr Infos unter: www.monsterpark.de

Interaktives Portal für Radtouren und Wanderungen

Der Landkreis Haßberge bietet eine Vielzahl an Radtouren und Wanderwegen in einem interaktiven Portal an, über das die jeweiligen Details wie Länge, Höhenprofil oder gpx-Track abrufbar sind. Ideal für die Tourenauswahl!
www.vianovis.net/naturpark-hassberge

Veste Heldburg
Nur ein kurzer Abstecher nach Thüringen ist es zur Veste Heldburg, die hoch über dem gleichnamigen Ort thront. In der Veste ist das Deutsche Burgenmuseum untergebracht, das die Bedeutung und Funktion von Burgen verdeutlicht. Neben einer Dauerausstellung zum Burgenbau finden verschiedene Sonderausstellungen statt. Zudem können auch andere Teile der Burg besichtigt werden. Über den Werra-Obermain-Radweg ist die Veste Heldburg von Wiesen über Seßlach gut zu erreichen.
Navi: Burgstraße 1, 98663 Bad Colberg-Heldburg
Mehr Infos zur Veste Heldburg unter: www.deutschesburgenmuseum.de

Wildpark Schloss Tambach
Mehr als 250 Wildtiere lassen sich im Wildpark beobachten. Einige müssen gesucht werden, andere kommen ganz nah und lassen sich streicheln. Ein schattiger Rundweg führt durch den Park, in dem während der Hauptsaison täglich Greifvogelvorführungen stattfinden.

Mehr Infos zum Wildpark gibt es auf den Sonderseiten Tiere 44 ab S. 134

Navi: Am Wildpark 3, 96479 Weitramsdorf bei Coburg, Tel. 09567/922915
Mehr Infos unter: www.wildpark-tambach.de

Register

Der Autor Bernd Deschauer

Der Familienvater Bernd Deschauer liebt es, in der Natur zu sein und verbringt jede freie Minute draußen. Sei es beim Wandern mit der Familie, oder beim Laufen bzw. Rennradfahren. Seit der Geburt der beiden Söhne Leopold (2010) und Lorenz (2012) haben sich die Outdoor-Aktivitäten verändert und damit auch die Auswahl der Touren. Anfangs standen Ausflüge mit Kinderwagen und Fahrradanhänger im Vordergrund. Inzwischen sind die Kinder größer und fahren selbst längere Touren mit dem Rad.

Seit 2011 betreibt Bernd Deschauer das Portal **wanderzwerg.eu,** auf dem Ausflugstipps für Familien aus vielen verschiedenen Regionen präsentiert werden. Zudem hat er das Buch **Kinderwagen- und Tragetouren Fränkische Schweiz | Bamberg** mit kinderwagentauglichen Touren in Oberfranken geschrieben, das 2013 im Wandaverlag veröffentlicht wurde und inzwischen in der 2. Auflage vorliegt. Im Herbst 2020 wurde zudem sein Laufbuch mit Tipps für Laufstrecken und Wettbewerben veröffentlicht.

Mehr zu seinen Projekten im Web unter:

www.wanderzwerg.eu
www.facebook.com/wanderzwerg
www.instagram.com/wanderzwerg.eu

www.running-bernd.de
www.facebook.com/running.bernd
www.instagram.com/running.bernd

2. überarbeitete Auflage 2020

Text und Fotos: Bernd Deschauer
Geobasisdaten: Bayerische Vermessungsverwaltung Nr. 2005/6847
Illustrationen: HEIDIsign by Heidi Eichner
Übersichtskarte Umschlagseite: Angelika Solibieda, cartomedia, Karlsruhe
Tourenkarten: ProduktionsAtelier Bamberg
Satz und Layout: Heinrichs-Verlag gGmbH, Bamberg
Druck und Bindung: Haßfurter Medienpartner GmbH & Co. KG, Haßfurt
ISBN: 978-3-89889-220-9
Printed in Germany

Ausflugstipps

Farberklärung

- Wanderungen
- Radtouren
- Klettern
- Für Tierfreunde
- Zum Baden
- Burgen in Franken
- Winter in Franken
- Ein Familienwochenende in …

Bamberg

Coburger Land

Fichtelgebirge